教材编审专家及企业顾问

徐国庆　项目课程改革专家
林畅伟　深圳市星光达珠宝首饰实业有限公司董事长
丛　安　康王集团董事长
陈　江　深圳市深家网络信息服务有限公司副总经理
尉亚波　深圳市九曲网科技有限公司董事长
费　勇　深圳市南方网通网络技术开发有限公司总裁
吕海滨　深圳市市场营销协会副会长

工作过程导向的项目课程
高职高专系列规划教材

电话营销实战教程

TELE-MARKETING

（第二版）

徐秋霓　编著

暨南大学出版社
JINAN UNIVERSITY PRESS
中国·广州

图书在版编目（CIP）数据

电话营销实战教程/徐秋霓编著．—2版．—广州：暨南大学出版社，2015.4（2022.1重印）
（高职高专系列规划教材）
ISBN 978－7－5668－1364－0

Ⅰ．①电…　Ⅱ．①徐…　Ⅲ．①推销—方法—高等职业教育—教材
Ⅳ．①F713.3

中国版本图书馆CIP数据核字（2015）第048486号

电话营销实战教程（第二版）
DIANHUA YINGXIAO SHIZHAN JIAOCHENG（DI-ER BAN）
编著者：徐秋霓

出 版 人：张晋升
责任编辑：潘雅琴
责任校对：周优绚
责任印制：周一丹　郑玉婷

出版发行：暨南大学出版社（510630）
电　　话：总编室（8620）85221601
营销部（8620）85225284　85228291　85228292　85226712
传　　真：（8620）85221583（办公室）　85223774（营销部）
网　　址：http：//www.jnupress.com
排　　版：广州良弓广告有限公司
印　　刷：佛山市浩文彩色印刷有限公司
开　　本：787mm×960mm　1/16
印　　张：11.25
字　　数：200千
版　　次：2012年5月第1版　2015年4月第2版
印　　次：2022年1月第8次
印　　数：16501—17500册
定　　价：33.00元

序

中国的职业教育正处于课程改革的重要阶段。传统的学科型课程逐渐转型，以岗位实际工作能力为导向的课程正在逐步建构起来。在这一转型过程中，出现了两种看似很接近，而在理论方面存在重大差别的课程模式，即任务型课程和项目化课程。二者的表面很接近，是因为它们均强调以岗位实际工作内容为课程内容。国际上已就如何获得岗位实际工作内容取得了完全相同的基本认识，那就是以任务分析为方法。这可能是二者最为接近之处，也是人们容易混淆二者关系的关键所在。

然而极少有人认识到，岗位上实际存在两种任务，即概括的任务和具体的任务。如对商务专业而言，联系客户是概括的任务，而联系某个特定业务的特定客户则是具体的任务，工科类专业同样存在这一明显区分，如汽车专业判断发动机故障是概括的任务，而判断一辆特定汽车的发动机故障则是具体的任务。当然，许多有见识的课程专家还是敏锐地觉察到了这一区别，如我国的姜大源教授，他使用了写意的任务和写实的任务这两个概念。美国也有课程专家意识到了这一区别并为之困惑。他们提出的问题是："我们强调教给学生任务，可现实中的任务是非常具体的，我们该教给学生哪件任务呢？显然我们没有时间教给他们所有具体的任务。"

意识到存在这两种类型的任务，是职业教育课程研究的巨大进步，而对这一问题的有效处理，将大大推进以岗位实际工作能力为取向的课程模式在职业院校的实施，项目课程就是为解决这一矛盾而产生的课程理论。它主张在课程设计中区分两个概念，即课程内容和教学载体。课程内容即要教给学生的知识、技能和态度，它们是形成职业能力的条件（不是职业能力本身），课程内容的获得要以概括的任务为分析对象。教学载体即学习课程内容的具体依托，它要解决的问题是如何在具体活动中实现知识、技能和态度向职业能力的转化，它的获得要以具体的任务为分析对象。实现课程内容和教学载体的有机统一是项目课程设计的关键环节。这套教材设计的理论基础即是项目课程。教材是课程的重要构成要素。作为一门完整的课程，我们需要课程标准、授课方案、教学资源、评价方案等，但教材是其中非常重要的构成要素，它是嫁接课程理念与教学行为的重要桥梁，是综合体现各种课程要素的教学工具。如好的教材既要体现课程标准，又要能为寻找所需教学资源提供清晰的索引，还要能有效地引导学生对教材的学习和评价。可见，教材开发是项非常复杂的工程，对项目课程的教材开发来说更是如此，因为它没有成熟的模式可循，即使在国外我们也几乎找不到成熟的项目课程教材。然而，除这些困难外，项目教材开发还面临一项艰巨的任务，那就是如何实现教材内容的突破，如何把现实中非常实用的工作知识有机地组织到教材中。

本教材在以上这些方面都进行了谨慎而又积极的尝试，其开发经历了一个较长过程（约4年时间）。首先，教材开发者们组织企业专家，以专业为单位对相应职业岗位上的工作任务与职业能力进行了细致而有逻辑的分析，并以此为基础重新进行了课程设置，撰写了专业教学标准，以使课程结构与工作结构更好地吻合，最大限度地实现职业能力培养。其次，教材开发者们以每门课程为单位，进行了课程标准与教学方案开发，在这一环节中尤其突出了项目载体的选择和课程内容的重构。项目载体的选择要求具有典型性，符合课程目标要求，并体现该门课程的学习逻辑。课程内容则要求真正描绘出实施项目所需要的专业知识，尤其是现实中的工作知识。在取得以上课程开发基础研究的完整成果后，教材开发者们才着手进行了这套教材的编写。

经过模式定型、初稿、试用、定稿等一系列复杂阶段，这套教材终于得以诞生。它的诞生是我国项目课程改革中的重要事件，这既是因为它很好地体现了项目课程思想，无论在结构和内容方面均达到了高质量教材的要求；也是因为它所覆盖专业之广，涉及课程之多为以往类似教材之所无，其系统性将极大地方便教师对项目课程的实施；还是因为其开发遵循了以课程研究为先导的教材开发范式，一个国家、一个专业、一门课程，其教材建设水平其实体现的是课程研究水平，而最终又要直接影响到其教育、教学水平。

当然，本教材也不是十全十美的，我想教材开发者们也会认同这一点。来美国之前我就抱有一个强烈愿望，希望看看美国的职业教育教材是什么样子，因此每到学校考察必首先关注其教材，然而往往也是失望而回。在美国确实有许多优秀教材，尤其是普通教育教材，设计得非常严密，其考虑之精细令人赞叹，而职业教育教材也往往只是一些参考书。美国教授对传统职业教育教材也多有批评，有教授认为这种教材只是信息的堆砌，而非真正的教材，教材应体现学与教的过程。如此看来，职业教育教材建设是全球面临的共同任务。这套教材的开发者们一定会为这一任务而继续努力，因此他们定会欢迎老师和同学对教材的不足之处不吝赐教。

徐国庆

于美国俄亥俄州立大学

2012 年 2 月

前　言

随着中国经济的快速发展，企业之间面临的市场竞争越来越激烈，各种销售渠道的绩效遭遇前所未有的挑战，企业纷纷追求以更低的成本和更便捷的方式获得更高的经营业绩。

电话营销（Telemarketing）作为一种销售渠道，具有科技优势，能满足现代人追求快捷、方便的消费需求，具有成本低、效率高的特性。而且，电话营销的应用范围相当广泛，包括电信、保险、银行、投资、报纸、杂志、邮购、酒店、俱乐部、健康食品、图书、招聘、软件、国际快递、租赁、保健品等行业。因此，电话营销成为国内大部分企业重点考虑的营销手段之一。基于此，让高职高专的学生学习这种先进的营销方式对于培养学生技能、增强社会适应能力是很有必要的。

本教材是在任课教师多年实践、积累一定教学经验的基础上编写而成，全书分三个项目：电话营销售前准备、电话营销售中实战、电话营销售后管理。每个项目又分解成若干任务，教材的项目设计思路是根据项目课程的要求，打破传统的以传授理论为主的方式，取之以项目带动教学，以电话营销人员的工作过程为主线贯穿全书。其复杂程度由易而难、由简而繁，工作重点有明显差异，这样的编排体例使得本教材具有很强的教学针对性，既涵盖了电话营销的重要性、电话营销人员的素质培养、电话营销的物品准备、公司产品和业务介绍、开场白的设计、接打电话技巧，也包括了客户异议和投诉处理、怎样在电话中与客户达成协议、如何对客户资料进行分类、怎样对客户进行售后服务、设计公司组织结构优化方案、电话营销公司的简单绩效管理等工作内容，使学生明确并学会每个对应岗位具体的工作任务，从而能够胜任电话营销员的工作。

本教材采用工作过程导向的项目课程编写方法，这样完全贴近现代企业电话营销岗位实际工作流程，对接相应的工作情境。每个工作项目的完成包含了引导案例、项目目标、项目重点、项目背景、项目分解、思考分析、项目评估、项目总结八个环节，每个任务又设有任务描述、任务实施、知识链接、拓展训练、小故事五个环节，这样可有效地培养学生的电话营销能力，并提高相关职业素质。

本课程最重要的一个特点是经常下企业现场教学，真正做到让学生“学中做，做中学”。

本书不仅可作为电话营销课程的教材，也可作为电话营销相关从业人员专业学习、提高的指导书及培训教材。

本书历时三年，精心编写。其中虽曾遇到重重困难，但最终坚持下来。本书于2012年5月出版，出版后市场销量较好，并获得了2013年中国职协优秀成果一等奖。这次再版是在第一版的基础上结合了教学中的新经验、新体会和企业实践中最新的信息精心修改而成，这样，修订后的图书比第一版更加完善和实用。

电话营销是一门较新的学科，项目课程的教学尚在探索之中，由于编者水平有限，不足之处在所难免，敬请批评指正。

徐秋霓

2015年2月于深圳

目　　录

电话营销课程背景

电话营销是一个较新的概念，出现于20世纪80年代的美国。它是一种新型的营销策略。随着通信技术的发展，电话营销业务日益成为企业客户关系管理的一种行之有效的模式，是企业维系客户关系的重要手段。它给企业提供了一个最快速、高效率、低成本的通道去主动接触目标客户，并与客户保持良好的联系。通过电话营销的方式，企业在“非典”、“甲流”时期也能安全、广泛地与客户保持联系，这不仅提升了企业的品牌形象，也提高了企业自身的竞争实力。在信息时代，电话营销给企业带来的益处是显而易见的，因此许多企业纷纷采用这种新型的营销模式。

例如：××公司于2003年8月在深圳成立，目前在全国拥有6家分公司和1家营销服务部，员工总数1 967人，注册资金3.6亿元。2009年1月~9月，公司共实现原保费收入58 060万元，市场份额占0.09%，在全国28家外资寿险主体中列第13位。公司开业仅37个月就实现当月盈利，用55个月完全弥补以前年度累计亏损。2007年实现净利润6 359万元，2008年实现净利润7 964万元，2009年1月~9月实现净利润11 175万元，保持了较好的盈利能力。该公司之前是通过人员推销的模式开展保险业务，销售人员队伍庞大，人力资源成本高。近年来电话营销作为一种新兴的营销方式，具有成本低、效率高、易管控和地域覆盖广等优势，成为该公司最重要的销售渠道，取得了较好成效。自2004年开始，电话销售渠道实现保费占公司总保费比例稳步提高，从最初30%上升到目前80%以上，客户数量占到公司总客户数的97%。

客户李京（化名）承认，当她接到电话营销人员打来的电话时，感到非常新鲜，网络购物、网络竞拍对于她来说并不陌生，但李京还从未有过电话购物的经历。在与电话销售人员进行了一番交流之后，她投了一份月缴100多元的意外伤害和住院收入保障综合保险。几天之后，她收到了快递来的保险合同。整个投保过程中，她没有离开自己的办公室，也没有接待登门拜访的保险业务员。“我感觉这款保险保障范围明确，条款比较简单，完全可以在电话中说清楚，”李京说，“以前接到保险业务员的电话，总想约时间面谈，但因我工作忙，没有时间，所以投保的事情就耽误了。今天用一个电话就搞定了保险，我觉得这样便捷的投保方式更加符合现代人的生活节奏。”

电话营销因便捷的投保方式，正被越来越多像李京这样的中国老百姓接受，而且正广泛运用于各行各业，如携程、京东、Vancl、淘宝等电子商务公司都组建庞大的客户服务电话联络中心来维持运营，这充分证明了电话营销在市场营销多元媒介领域中的重要价值。

在众多的互动媒介中，电话由于同时具备了“及时主动销售”与“及时解决客户疑虑”的特点，越来越受到企业的青睐。从媒介互动性的角度来看，目前还没有哪个媒介可以完全代替电话的独特作用。虽然现在人们也看到了互联网电子商务具备上述特点，但目前在电子商务平台的信任度尚未完全成熟的条件下，电话在互动媒介中所处的核心地位仍然不可动摇。

以下是几组有关电话营销的数据：

- 中国：电话营销解决诸多就业问题，《北京人才市场报》80%的职务为电话营销人员。
- 英国：超过 5 000 家专业电话营销中心，电话营销就业人数达到 35 万。
- 美国：广义的电话营销相关产值高达 5 000 亿美元，拥有 650 万从业人员。1994 年美国有 2.5 万家电话营销公司，1999 年达到 23 万家之多，1993 年美国新闻报刊调查显示电话营销是 20 世纪成长最快的工作，达到 800 万，超过其他 19 项之总和。
- 深圳：仅从深圳技术师范学院商务系来看，每年都有毕业生从事深圳市星光达珠宝首饰有限公司、招商信诺、渣打银行、太平洋保险公司、南方网通、康王集团、海纳培训中心、深家网络信息服务有限公司、深圳市九曲网科技有限公司等企业的电话销售岗位。企业家表示只要学生肯吃苦、能坚持，两三年后成为一个从电话营销基层做起，又熟悉电话营销操作系统的人员，将是各大呼叫中心及相关岗位争相聘用的人才，月收入可达到上万元。

可见，电话营销行业及电话营销人员的前景还是比较乐观的。

本教材以大学毕业生刘欣在康王集团的工作为背景。这是一家集金融、保险、地产等于一体的集团公司，公司有专门的电话营销事业部。刘欣在公司通过培训，从最简单的编写手机短信到推广保险，最后到产品销售，业务水平由浅而深、由易而难，项目由小到大，将理论知识巧妙地贯穿于项目实践中，最后水到渠成地完成了各项任务。

岗前自检

电话销售自测题

这项测试目的是让你更好地了解你在电话销售方面的潜质与技巧，请根据自己的情况作出相应的选择，答案没有对错之分，根据实际情况回答即可。

内容	选项			得分
1. 我有记录电话沟通过程的习惯	经常	有时	从不	
2. 在我打电话时，我需要的资料都备齐在手边	经常	有时	从不	
3. 如果可能，我会立刻回复电话	经常	有时	从不	
4. 我的笔、纸和工作日记都在手边	经常	有时	从不	
5. 我会选择适当的时机给客户打电话	经常	有时	从不	
6. 我通过第一次电话获得了所有的信息，避免了不必要的回电	经常	有时	从不	
7. 如果某个电话需要很长的时间或问题较复杂，我会事先和对方约好时间	经常	有时	从不	
8. 打电话之前我会做充分的准备	经常	有时	从不	
9. 我在与客户沟通时总是微笑着	经常	有时	从不	
10. 在回答对方问题前，我总是稍停顿一下，准备好回答时再说话	经常	有时	从不	
11. 我在接听电话时，从来不会被其他事情分散注意力	经常	有时	从不	
12. 我从不同时接听两个电话	经常	有时	从不	
13. 挂机时我会和对方确认是否还有事情，并让对方先挂机	经常	有时	从不	

（续上表）

内容	选项			得分
14. 我请对方报出姓名	经常	有时	从不	
15. 遇到发怒的客户，我会先向客户道歉	经常	有时	从不	
16. 我不会让客户在线上等候超过 30 秒	经常	有时	从不	
17. 电话结束以后，我会对客户说谢谢您的来电或答复	经常	有时	从不	
18. 帮助同事或朋友留言时我会问得很详细，并再次确认	经常	有时	从不	
19. 我很有耐心地回答客户的问题，即使是再简单的问题	经常	有时	从不	
20. 在情绪很糟糕时，我会先调整情绪，再给客户打电话	经常	有时	从不	
21. 挂机前，我会总结一下所谈内容或请对方总结一下	经常	有时	从不	
22. 我说话准确、简洁	经常	有时	从不	
23. 我通过充分的提问来搜集所需的信息	经常	有时	从不	
24. 我能直截了当地切入主题，但不会让人觉得粗鲁	经常	有时	从不	
25. 我说话清晰，语速较慢，对方很容易听懂	经常	有时	从不	
26. 我主动、耐心地倾听	经常	有时	从不	
27. 我把握合适的机会赞美客户	经常	有时	从不	
28. 我从不边吃东西边打电话	经常	有时	从不	
29. 我会在铃响三声前接听	经常	有时	从不	
30. 我认为电话对我的工作至关重要	经常	有时	从不	
31. 我相信电话交流能像面对面交流那样有效	经常	有时	从不	
32. 我在电话中很友好、有礼貌和乐于助人	经常	有时	从不	
33. 我喜欢通过电话与人沟通	经常	有时	从不	
34. 我替别人把未讲完的话讲完	经常	有时	从不	
35. 当我知道对方要讲的内容时，我会打断他	经常	有时	从不	
36. 我很少有耐心与不同意我观点的人讲话	经常	有时	从不	

（续上表）

内容	选项			得分
37. 在和一个与我的谈话方式不同的人交谈时，我会感到不耐烦	经常	有时	从不	
38. 当与人交谈的时候，我却在想其他的事情	经常	有时	从不	
39. 对方说刚刚告诉过我某事，但我没有印象	经常	有时	从不	
40. 对于其他人的不同观点，我感到不可思议	经常	有时	从不	

计分：根据以下评分标准，算出你的分数。

1～33 题评分标准	选项	数量	分值	合计
经常 1 分				
有时 2 分				
从不 3 分				
34～40 题评分标准	选项	数量	分值	合计
经常 3 分				
有时 2 分				
从不 1 分				
总计				

【总体评价】

100 分以上　　你从事电话销售的素质较差，但可以补救，请尽快改善。

75 分～100 分　　作为电话销售人员，你素质一般。要想成为出色的电话销售人员，你应该接受长期和系统的培训。需尽快提高，可用这份问卷来帮助你改善。

50 分～75 分　　不错。你基本上具备了一名电话销售人员所需的素质，只是你还必须向优秀人员学习，在理论和实践上更上一层楼。可以用这份问卷来提高打电话的有效性。

50 分以下　　最佳。你具备了一名优秀电话销售人员所需的素质，只要坚持不懈地学习，加强理论基础，你会成为一名成功的电话销售人员。

在学习完本教材的所有内容后，请再做一遍以上自测题，看看自己的得分是否有变化。

项目一　电话营销售前准备

引导案例

术业有专攻

在湖南一个偏远的村庄，有一位小姑娘因为家里很穷，没有读完初中就辍学了。因为没有文化，找工作就成了一件非常困难的事。后来，她好不容易在一家湘菜馆找到了一份在厨房里打杂的工作。

小姑娘非常珍惜这来之不易的工作机会，工作特别卖力，也很主动，常常在完成自己分内的工作后，主动帮厨师雕一些萝卜花（主要用来放在装菜的盘子里作为装饰品）。久而久之，小姑娘迷上了这份业余工作，经常买一些萝卜放到宿舍里，下了班后就如痴如醉地研究如何雕萝卜花。不知不觉三年时间过去了，小姑娘雕萝卜花的水平也达到了出神入化的境界：一个小小的萝卜，她随便就可以雕出 100 多种花的姿态。

有一天，一位外商到小姑娘打工的湘菜馆吃饭，被桌上美妙绝伦的萝卜花深深吸引，执意要见雕萝卜花的人。

小姑娘的好运气终于来了。这位外商特地为小姑娘的独特手艺开了一家很有创意的星级酒店，小姑娘只负责雕花，并拥有整个酒店 20% 的股份。酒店开张后，前来吃饭的人络绎不绝，来光顾的大都是很有名望的成功人士。酒店生意异常火爆。当很多记者争相采访小姑娘时，小姑娘只说了一句话：

“命运对我其实非常偏心，因为它只给了我一个萝卜。”

白沙集团老总在接受媒体采访时，也说了一句非常经典的话：“白沙集团每年都能更上一层楼，是因为我们自始至终都奉行一个原则，就是：‘以此为生，精于此道。’”

古语说，“闻道有先后，术业有专攻”、“七十二行，行行出状元”。电话营销在中国还是一个新兴行业，要想在这个行业出人头地，作出辉煌的业绩，并不是一件十分困难的事。

项目目标

一、知识目标

1. 了解电话营销的定义
2. 了解电话营销人员应具备的基本素质
3. 熟悉电话营销的物品准备及客户资料收集方法
4. 熟悉公司产品和业务
5. 熟悉手机短信编写方法

二、能力目标

1. 能按照公司的要求进行素质训练
2. 能进行电话营销前的物品准备工作
3. 能运用相关软件收集客户资料
4. 能介绍公司并推荐产品
5. 能编写简单的营销短信

三、项目总目标

通过编写短信将产品推销给客户

项目背景

刘欣刚大学毕业，形象良好，声音甜美，她在报纸上看到著名康王集团的招聘广告：

<table>
<tr><th colspan="2">康王集团</th></tr>
<tr><td>公司简介</td><td>康王集团欢迎您加盟！
不用走街串巷，在办公室里也能成为销售精英！
深圳市康王保健产品有限公司（简称“康王”或者“康王集团”）成立于1995年，是香港康王集团旗下集金融、保险、投资、珠宝、保健产品、网络营销于一体的大型集团公司。公司现有员工380人，年出口额达1 700万美元，产品远销东南亚、欧洲等地。
电话：0755－25024576
传真：0755－25024578
网站：www. health－king. com
地址：深圳市南山区南山大道3838号设计产业园S栋4楼
邮编：518052
因业务需要，扩建电话营销事业部，特招聘电话营销人员。公司热忱欢迎有激情、立志成就一番事业的人员加入。</td></tr>
</table>

（续上表）

康王集团	
基本要求	工作地点：深圳　招聘人数：40 人 工作年限：一年以上　语言要求：普通话良好 薪水范围：2 500～5 880 元
工作职责	以电话营销的方式推荐公司相关代理产品
任职要求	1. 普通话标准，沟通能力强，乐于从事销售工作，有良好的抗压能力 2. 专科及以上学历，专业不限，金融、保险、市场营销专业优先考虑
薪酬福利	1. 月工资：无责任底薪 2 000 元 + 津贴 500 元 + 高提成；年底双薪 2. 现有员工平均月收入 3 500 元以上 3. 标准“五险一金”（即养老、医疗、工伤、失业、补充意外险及住房公积金） 4. 享受国家法定节假日（元旦、五一、十一、春节等）；带薪年假 12 天 5. 补充带薪假期：婚假 3 天，产假 3 个月（男士有陪产假），晚婚可以多享受十天婚假
晋升机会	1. 电话销售专员—高级销售专员—销售主管—助理经理—经理 2. 电话销售专员—行政专员或质量监控员或培训员
工作时间	周一至周五 9：00～15：00 或 14：30～20：30 周六（隔周）9：30～18：30
简历投递	略
联系方式	略

刘欣知道电话营销是一个充满挑战的职业，有位学长曾经告诉她：如果你做过电话营销，并获得成功，那么你将胜任任何其他岗位。她觉得自己作为职场新人，很想通过这个岗位锻炼一下自己，所以她就前去应聘。虽然没有什么工作经验，但由于诚恳的态度，她最终成功地被录用了。刚上班那几天她心中忐忑不安，因为她对什么是电话营销、如何做电话营销心中一点底都没有。庆幸的是，公司对新入职的人员安排了一系列培训，包括电话营销员心理素质训练、物品准备、产品介绍等。经过培训，小刘对电话营销的基础知识、电话营销的重要性、电话营销人员基本素质及如何设计话术有了初步的认识。

该公司主要代理的电话营销业务有金融、保险、投资、珠宝、保健等产品，由于处于第一阶段，所以公司准备让刘欣等新人经过简单岗前培训后由浅而深、由易而难，先做最简单的电话营销业务；小额贷款产品短信营销。

附：本项目重点营销的业务介绍：

薪易贷产品简介

无论您有什么金钱上的需要，如现金周转、房产首期、换新车、装修、进修或旅游等，“薪易贷”都能为您提供简便的个人贷款服务，只要您有薪资证明，现金即时到手。

＊无须抵押　＊无须担保　＊贷款额高　＊手续简便　＊快速批核　＊即时到款

本项目的最终目标就是通过编写手机短信推广该项业务。

项目分解

任务一：电话营销岗位认知

任务二：电话营销物品准备

任务三：电话营销产品介绍

任务四：模拟电话营销

任务一　电话营销岗位认知

一、任务描述

电话营销是一个需要较强的心理承受力及应变能力、流利的口头表达能力和一定技术含量的行业，不像一般人想象得那样简单、容易。由于小刘等新员工都是第一次从事电话销售工作，对这个岗位有许多错误的认识，所以在这个环节，公司首先对他们进行心理素质训练和外在形象塑造，让他们对岗位有初步的认识和充分的思想准备。

二、任务实施

活动一：心理素质训练

由于电话营销的成功率不高，一天打 100 个电话，可能只有一个成功，这要求营销人员具有较强的心理承受力，否则很难坚持。所以公司首先让资深电话营销人员张山谈了谈他在工作第一天遇到的情景：

那天张山精神饱满地来到公司，做好一切准备后开始打电话，第一个电话是打给王小姐的，没想到他刚说“王小姐，你好，这里是万商保险公司……”对方就把电话挂了，他很沮丧。不过他没有气馁，继续给李先生打电话，虽然李先生接了他的电话，但一听是推销保险的，就很不高兴地说：“你以后不要再给我打电话了！”口气很粗暴且不耐烦。张山放下电话很想骂人。但他调整了心态，继续给陈太太打电话，这位女士很耐心地听完张山的介绍，然后很有礼貌地说，不好意思我暂时不需要。几通电话下来，张山感觉很受挫，不想再打了，这时主管过来安慰他，让他回忆在心理素质训练时所学的内容，张山一下振作起来，又投入到工作中。接下来的几天，虽然有失败，但也有成功，而随着各方面技能的提高，张山的业绩越来越好。所以张山认为心理素质训练非常重要，它能让你拥有克服困难的勇气和决心。

听完张山的介绍后，小刘发现要做好电话营销，并不是一件简单的事，必须具备较好的心理素质和抗挫折的能力。对此，公司进行了相关培训。首先，请你与小刘一起完成以下任务：

训练 1：听完张山的介绍后，请你谈谈对电话营销这个岗位的认识，并与传统营销方式作比较。

____

____

训练 2：完成心理素质测试题（见本书附录），算出得分。判断并认清自己的性格类型，找出自己与电话营销员岗位心理素质要求的差距，指出自己在心理上、行动上准备不足的地方及今后的努力方向。

____

____

训练 3：如果你打了一天的电话，近 200 通，却没有一单成功，你将如何调节自己的心态？

____

____

训练4：在电话中，你遇到了客户粗暴无礼的对待，你将怎样处理？

知识链接

（一）电话营销的定义

电话营销（Telemarketing）是一个较新的概念，出现于20世纪80年代的美国。它是指通过电话、传真等通信技术来完成有计划、有组织的任务，并且实现高效率地扩大顾客群体、提高客户满意度、维系客户忠诚等市场行为的营销模式。

（二）电话营销与传统营销的区别

首先，与传统的销售相比，电话营销成本低、效率高。传统的销售方式因为有交通等多种因素，一天最多拜访8个客户，而电话营销一天则可以打100多个电话，可以接触约70个客户，成本低是显而易见的。如果有10个客户有进一步的购买意向，必要时我们再采取传统的方式与之见面洽谈，成功率会比单纯采取传统方式要高得多。

其次，整个营销过程和结果是可控的。在营销人员打电话过程中我们会采取技术手段，整个营销过程，包括通话过程及处理结果都会被记录下来。管理人员可以清晰地知道团队在营销过程中各个环节的优劣以及客户对产品的反馈评价。同时，也避免了传统的营销过程中客户资源属于个人而经常导致的资源流失。企业可以根据所获资源进行分析，可以让企业资源达到优化配置。

（三）电话营销的重要性

在信息时代，电话营销给企业带来的益处是显而易见的。

其一，及时把握客户的需求。现在是多媒体时代，多媒体的一个重要特点是交互式，即双方能够相互进行沟通。而电话能够在短时间内直接听到客户的意见，是非常重要的商务工具。通过双方沟通，企业可及时了解消费者的需求、意见，从而提供针对性的服务，并为今后的业务提供参考。

其二，提高效率，增加收益。电话营销可以提高企业营业额。电话营销是一种交互式的沟通，在接客户电话时，不仅仅局限于满足客户的预约要求，同时也可以考虑进行交叉销售和增值销售（推销更高价位的产品）。

其三，能有效维持企业与客户的关系。电话定期联系在节省人力、成本方面是上门访问所无法比拟的。另外，这样的联系可以密切企业和消费者的关系，增强客户对企业的忠诚度，让客户更加喜爱企业的产品。

（四）电话营销人员应具备的心态

态度决定一切。态度是一个人对待事物的一种驱动力，不同的态度将产生不同的驱动作用。好的态度产生好的驱动力，将会得到好的结果。

打电话既是一种心理游戏，又是一种体力劳动，而与日常生活的体力劳动不同的是，它更需要电话营销人员具有较好的心态和较强的应变能力。尤其对于职场新人，在你打电话的过程中，你的心态对你的销售结果起着至关重要的作用。

在电话销售过程中，能够支撑你旷日持久地打电话，并且一天接上百通拒绝电话，是因为你有区别于其他销售人员的良好心态，因此你要更多地认识到电话销售是一种心理游戏。

具体来说，电话营销人员应具备10种心态：

1. 积极的心态

积极的心态就是把好的、正确的方面扩张开来，同时第一时间投入进去。凡事多从正面的角度去看问题，少一些负面情绪，积极乐观地面对人生。积极的人像太阳，走到哪里哪里亮。

2. 主动的心态

主动是什么？主动就是“没有人告诉你而你正做着恰当的事情”。在竞争异常激烈的时代，被动就会挨打，主动就可以占据优势地位。我们的事业、我们的人生不是上天安排的，而是我们主动去争取的。在企业里，有很多事情也许没有人安排你做，但企业里有很多的职位空缺，如果你主动地行动起来，不但锻炼了自己，同时也为自己争取到职位积蓄了力量。如果什么事情都需要别人来告诉你，你已经很落后了，主动是为了增加锻炼自己的机会，增加实现自我价值的机会。

3. 空杯的心态

也就是说，一个人一定要谦虚谨慎，虚怀若谷。也许你对某个行业已经了如指掌，也许你已经具备了丰富的技能，但是对于新的企业、新的经销商、新的客户，你仍然还有许多要学习的地方。你需要用空杯的态度重新去整理自己的智慧，去吸收现在的、别人比你优秀的东西。

4. 双赢的心态

亏本的买卖没人做，这是商业规则。你必须站在双赢的心态上去处理你与企业之间、企业与商家之间、企业与消费者之间的关系。不要觉得自己做电话营销是求客户买你的商品，而应该把它当成是帮助客户，提供给客户有价值的商业信息，这是互惠互利的平等关系。

5. 包容的心态

做电话营销经常会遭遇客户的拒绝及误解，这就要求我们学会换位思考，学会包容，水至清则无鱼，海纳百川，有容乃大。我们需要锻炼同理心，我们需要去接纳差异。

6. 自信的心态

自信是一切行动的原动力，没有自信就没有行动。自信是将优良的产品推荐给消费者，相信我们的一切活动都是有价值的。如果你充满了自信，你就会充满干劲，你就觉得任何事情都是可以完成的。

7. 行动的心态

行动是最有说服力的。事实胜于雄辩。我们需要用行动去证明自己存在的价值、去关怀我们的客户、去完成我们的目标。如果只是纸上谈兵，一切都不会实现。

8. 给予的心态

“予人玫瑰，手有余香。”要想收获，首先必须付出。给予同事关怀；给予经销商服务；给予消费者产品。唯有给予是永恒的，因为给予不会受到别人的拒绝，反而会得到别人的感激。

9. 学习的心态

活到老，学到老。竞争在加剧，实力和能力的打拼将越加激烈。落后就会挨打。三人行，必有我师。学习不但是一种心态，更是一种生活方式。21世纪，谁会学习，谁就会成功，学习成就了自己的竞争力，也成就了企业的竞争力。

10. 老板的心态

像老板一样思考和行动。你具备了老板的心态，你就会去考虑企业的成长，考虑企业的费用，你就会把企业的事情当作自己的事情。你知道什么是自己应该去做的，什么是自己不应该做的。否则，你就会得过且过，不负责任，认为自己永远是打工者，企业的命运与自己无关。你就不会得到老板的认同，你也永远成不了老板。

什么样的心态将决定我们什么样的生活。唯有心态解决了，你才会感觉到自己的存在，才会感觉到生活与工作的快乐，才会感觉到你所做的一切都是理所当然。

（五）如何调整心态

在给客户打电话之前，大声对自己说：我一定会说服他（她），我今天的工作一定会有大进展！

你面对的客户越是难以说服，你就越要表现得足够自信，要用你的自信心去鼓励对方进行购买。

经常总结自己的工作成就，告诉自己：我是一个成功者，我每天都在取得进步！

让成功的影像牢牢地印在脑海里，不断刺激大脑神经，我们就会发现自己脸上发光、精神焕发、充满活力！

从工作中找到自己最感兴趣的东西，然后将自己的兴趣范围逐渐扩展，最后使自己喜欢上工作的全部。

一有时间就照镜子，训练自己的工作表情，揣摩出一种最能感染别人的表情，并加以锻炼，使别人感受到自己的亲切。

不要对自己的工作进行任何形式的抱怨，试想一下：如果没有工作，你的生活将会是怎样一番模样。不仅如此，你还要学会感恩于工作，你从工作当中所获得的东西要远远大于你所付出的东西。

当你对工作产生消极情绪时，你不妨这样告诉自己：工作是我自己选择的，我不但有责任尽最大努力将其做到最好，而且还有权利从中享受所有的乐趣。

在工作中始终都要保持良好的精神状态，不要把生活中的不良情绪带到工作当中。

当同事、领导或客户情绪不好的时候，你更要保持良好的情绪，因为这样不仅会使你的工作更加顺利，而且还有助于增加你的个人魅力。

平时注意合理控制自己的情绪，尽可能地使自己的情绪不要产生太大的波动，尤其不要令自己沉浸于消极的情绪当中。

减除焦虑的最好方式就是放松自己，让自己在日常的工作与生活中尽可能地克服消极情绪。一旦产生焦虑，可以去做一些活动或一些事情转移注意力。

活动二：外在形象准备

做好了充分的心理准备后，小刘对于自己未来的工作充满信心。而她的一些同事认为电话营销人员不需要直接面对客户，因此着装可以很随意，想怎么穿就怎么穿，也不用注意自己的精神面貌和行为举止，而且有这种想法的不止一人。为此，经理专门对他们进行了外在形象塑造的培训。请你与小刘一起完成以下任务：

训练1：电话营销人员不用与客户面对面，所以外在形象不重要，你认为对吗？谈谈你对电话营销人员外在形象的认识。

____

____

训练2：电话营销人员应做好哪些外在形象准备？

____

____

训练3：你知道公司对电话营销人员着装有哪些具体的要求吗？

____

____

训练4：明确了电话营销员外在形象的要求后，互相评价，完成评价表：

电话营销员外在形象评价表

时间：　　　　　　　　被评推销员：　　　　　　　　评价者：

项目	评价	改进建议
头发（胡子等）		
面容		
着装		
坐姿		
站姿		
笑容		
身体语言		
整体气质		
其他		
综合评价		

知识链接

（一）外在形象设计指导

不要以为电话营销不用直接面对客户，所以外在形象准备不重要，实际上良好的职业形象对树立信心很有帮助。统一的着装，不仅对增强团队凝聚力、树立企业整体形象、建立企业的VI（视觉识别系统）有很大帮助，而且还能使员工有归宿感和集体荣誉感。它是公司整体精神面貌的体现。所以，公司通常要求电话营销人员着职业套装。具体要求如下：

1. 仪容仪表要求

男士：

（1）发式：短发，勤洗，无头屑，整齐。不染发，不留长发。侧不盖耳、后不触领。

（2）面容：面部、眼部、鼻部保持清洁。如戴眼镜，应保持镜片清洁。

（3）口腔：保持口腔清洁，不吃有异味及含酒精的饮料以避免异味。

（4）手部：保持手部清洁，养成勤洗手、勤剪指甲的好习惯，指甲不得长于1mm。

（5）全身：着装的颜色不超过三种。保持个人形象自信、阳光。

女士：

（1）发式：勤洗头发，无头屑，梳理整齐。长发要用发夹及头花固定在脑后，短发要合拢在耳后。

（2）面容：面部、眼部、鼻部保持清洁。如戴眼镜，应保持镜片清洁。工作时化淡妆，以淡雅、清新、自然为宜。

（3）口腔：保持口腔清洁，不吃有异味及含酒精的饮料以避免异味。

（4）手部：保持手部清洁，养成勤洗手、勤剪指甲的好习惯，指甲不得长于1mm。涂指甲油时须自然色。

（5）裙子长度适宜。

（6）肉色丝袜，无破洞（准备一双备用袜）。

（7）全身：着装的颜色不超过三种，不可披肩散发、不浓妆艳抹。树立大方、健康的个人形象。

2. 站姿要求

站姿的基本要求：“站如松。”具体要求如下：

（1）两脚跟相靠，脚尖展开45°～60°，身体重心主要支撑于脚掌、脚弓之上。

（2）两腿并拢直立，腿部肌肉收紧，大腿内侧夹紧，髋部上提。

（3）腹肌、臀大肌微收缩并上提，臀、腹部前后相夹，髋部两侧略向中间用力。

（4）脊柱、后背挺直，胸略向前上方提起。

（5）两肩放松下沉，气沉于胸腹之间，自然呼吸。

（6）两手臂放松，自然下垂于体侧。

（7）脖颈挺直，头向上顶。

（8）下颌微收，双目平视前方。

3. 坐姿要求

坐姿的基本要求：“坐如钟。”要端庄、文雅、得体、大方。

优雅的坐姿传递着自信、友好、热情的信息，同时也显示出高雅庄重的良好风范。我们经常会见到一些不雅坐姿，比如两腿叉开，腿在地上抖个不停，而且腿还跷得很高，让人实在不敢恭维。那么，如何才能在正式场合坐得得体呢？下面我们逐一介绍。

（1）“正襟危坐”式。适用于最正规的场合。要求：上身和大腿、大腿和小腿，都应当形成直角，小腿垂直于地面。双膝、双脚包括两脚的跟部，都要完全并拢。

（2）垂腿开膝式。它多为男性所用，也比较正规。要求：上身和大腿、大腿和小腿都成直角，小腿垂直于地面。双膝允许分开，分的幅度不要超过肩宽。

（3）前伸后曲式。这是女性适用的一种坐姿。要求：大腿并紧后，向前伸出一条腿，并将另一条腿屈后，两脚脚掌着地，双脚前后要保持在一条直线上。

（4）双脚内收式。它适合在一般场合采用，男女都适合。要求：两条大腿首先并拢，双膝可以略为打开，两条小腿可以在稍许分开后向内侧屈回，双脚脚掌着地。

（5）双腿叠放式。适合穿短裙的女士采用。要求：将双腿一上一下交叠在一起，交叠后的两腿间没有任何缝隙，犹如一条直线。双脚斜放在左右一侧。斜放后的腿部与地面呈45°角，叠放在上的脚的脚尖垂向地面。

（6）双腿斜放式。它适合于穿裙子的女士在较低的位置就座时所用。要求：双腿首先并拢，然后双脚向左或向右侧斜放，力求使斜放后的腿部与地面呈45°角。

（7）双脚交叉式。它适用于各种场合，男女都可选用。要求：双膝先要并拢，然后双脚在踝部交叉。需要注意的是，交叉后的双脚可以内收，也可以斜放，但不要向前方远远地直伸出去。

4. *微笑*

“笑一笑，十年少。”虽然电话营销的客户看不到你，但你的情绪却会通过电话传达到对方，而微笑能使对话轻松进行，因为它具有以下作用：

（1）微笑可以感染客户。一个微笑着的员工至少说明他（她）对工作的态度是愉悦的，一个人只有喜欢自己的工作才会全心投入，如果真诚地对客户微笑，就可能感染客户，使客户调整态度，或者使客户感到愉悦，进而接受你的建议。

（2）微笑可以激发热情。微笑传递这样的信息：“我很愿意与你联系，我愿意为你服务。”所以，微笑可以激发你的服务热情，使你为客户提供周到的服务。

（3）微笑可以增加创造力。当你微笑着的时候，你就处于一种轻松愉悦的状态，有助于活跃思维，从而创造性地解决客户的问题。相反，如果你的神经紧绷着，只会越来越紧张，创造力就会被扼杀。

（二）电话营销人员综合素质要求

电话业务推广人员必须具备的条件是口齿伶俐，反应机敏，性格开朗，喜欢电话营销工作，善于总结，声音具有亲和力等，要在谈话中注意语音、语调、语气，让客户在电话的另一边也能感受到你真诚的微笑。除此之外，电话推广员还应具备一定的韧性，有一定的学历（决定其专业水平高低），年龄适当，普通话标准（最好不要出现怪的音调、语气以免引起客户反感）。对于决策者来说，应把好招聘关，不符合要求的人员最好不要让其从事电话营销工作，对于符合条件的人员要对其进行专业化、流程式培训，或对其进行短期试岗，确保上岗的人员都能够从容应对销售工作需求。具体来说有以下几点：

素质要求	体现
思想道德素质	个人品质：诚实、正直、自信 良好的职业道德：对企业忠诚，对客户诚实，对竞争、竞标公平 强烈的事业心：敬业精神和高度的责任感、成就感 五个“千万”：过千山万水、进千家万户、尝千辛万苦、讲千言万语、想千方百计
业务素质	企业知识、产品知识、客户知识、法律知识、市场知识、推销基本功 职业地开拓客户、公关地接近客户、准确地判断客户、有效地解决客户问题、及时地促成客户交易
文化素质	专业知识、广泛兴趣、语言知识、个性修养
生理和心理素质	端庄的外表、平衡的心态
基本能力	注意力与观察能力、学习能力、记忆能力、演示能力、社交能力、思维能力和推理能力、语言表达能力、核算能力、自我调控能力、决策能力、应变能力和适应能力、创新能力

（三）电话营销公司规章制度

1. 基本要求

（1）个人品质：诚实、正直、自信、热情；

（2）身体健康，性格开朗；

（3）有坚强的意志和抗挫折的能力；

（4）吃苦耐劳、有团结协作精神；

（5）具备高度责任感和敬业精神；

（6）遵守各项管理规定、公司纪律；

（7）有组织研讨、分析、总结能力；

（8）工作积极主动、勤学好问；

（9）按时完成培训及工作任务。

2. 具体要求

（1）上班期间必须着统一的工装，佩戴工牌。

（2）不准将手机、MP3、手提电脑等带进电话呼叫中心。

（3）所有人员必须维持好办公室卫生；个人办公桌面、橱柜及电脑由本人负责，办公物品摆放整齐有序，桌面无污渍，电脑无灰尘；进入电话呼叫中心请换鞋。若发现物品摆放凌乱，桌面和电脑上留有灰尘经纠正而不改者，罚款20元；办公室卫生的责任人为各主管。

（4）不允许将客户资料带离工作室，如果造成公司资料泄密，当事人将承担相应的法律责任。

（5）公司会议如无特殊情况，电话销售部员工必须全体参加，着装整齐，仪容仪表于会前整理好，不规范者不得参会，并记迟到一次。参会期间，手机必须调到振动或静音模式，违者罚款20元。

（6）每天准时打卡，公司打铃后5分钟内未到者，即为迟到。当月内迟到：第一次罚款100元，第二次罚款200元，罚金于当天以现金形式交给财务。一个月内迟到三次者予以劝退，早退同上处理。

（7）上班时间不得以任何理由外出公司办私事，违者罚款50元；有事请假批准后，方可离开。

（8）请假或休班者于前一天提前告知主管、销售经理及行政部；不可代人请假，不可电话请假，特殊情况除外。

（9）上班时间不允许在公司内吸烟、吃口香糖、吃零食、上网玩游戏、喝酒、串岗，电脑专人专用，违者罚款100元；吸烟必须到指定吸烟区，每天不超过3次，每次不超过3分钟，否则视为脱岗并罚款50元。

（10）下班后任何人非工作原因不得逗留公司，违者罚款100元。

三、拓展训练

为了打造一个团结向上、有战斗力的团队，除了以上基础训练之外，新员工在经理、主管的带领下进行以下全面综合训练：

1. 具体内容

每小组成员在经理、主管的带领下准备队名、口号、队歌、队旗、队列，并按要求集体展示表演。

训练重点	训练方式
培养、激励工作心态	队列展示、PPT 制作
专业知识、时间管理、目标管理、营销技巧	主管监听回馈、课堂互动、成功经验分享等
心灵成长、缓解压力技巧	课堂活动、简报

各组组长完成下表：

项目	第一组	第二组	第三组	……	备注
队长					
队名					
口号					
队歌					
队旗设计方案					
队列准备方案					
小组展示负责人					
PPT 方案制作负责人					

2. 目的：通过拓展训练将团队建设进一步落实并增强团队凝聚力

拓展训练评价表（小组）

	精神面貌（15%）	创意性（15%）	难度（10%）	组长组织能力（10%）	组员参与度（15%）	展示效果（35%）	总分
第一组							
第二组							
第三组							
第四组							
……							

拓展训练评价表（个人）

	姓名	坐姿（20%）	走姿（20%）	精神面貌（15%）	表情（15%）	总体效果（30%）	备注
1							
2							
3							
4							
5							
6							
7							
8							
9							
10							
…							

小故事

12 次微笑

飞机起飞前，一位乘客请求空姐给他倒一杯水吃药。空姐答应他在飞机飞行平稳后，立即把水送给他。

20 分钟后，飞机早已进入平稳飞行状态，但由于太忙，空姐忘记了给那位乘客倒水。果然，乘客服务铃急促地响起来，正是先前那位要水的乘客。空姐小心翼翼地将水送到那位乘客面前，面带微笑地说："先生，由于我的工作失误延误了您吃药的时间，我向您道歉。""有你这样服务的吗？我要投诉你！"这位乘客非常生气。

在接下来的飞行途中，为了补偿自己的过失，空姐在经过客舱时，都会特意在那位乘客身边停下，面带微笑询问他需要什么服务。

在飞机快要降落时，那位乘客要求空姐将留言簿给他送过去，看来，他还没有原谅空姐。空姐二话没说，把留言簿递到他面前，依旧面带微笑地说："先生，请允许我再次向您表示真诚的歉意，无论您提出什么意见，我都将欣然接受您的批评。"

那位乘客犹豫了一下，但还是在留言簿上写下了一段话。

等所有的乘客都离开飞机后，空姐打开了留言簿，她想看看别人对自己的批评。然而，令她吃惊的是，留言簿上根本不是什么投诉信，而是一封表扬信。

信中有一句话："在整个飞行过程中，你表现出的真诚歉意，特别是你的12次微笑，深深地打动了我，从而使我最终改变主意。没有谁不会犯错误，正是你在犯错误后的优良表现让我看到了我的自私和偏执。你是优秀的，而我却很渺小。"

空姐再一次开心地笑了。

请同学们谈谈微笑的重要性。

思考分析题

1. 什么是电话营销？它与传统的营销方式有什么不同？
2. 电话营销的重要性体现在哪里？
3. 作为一名电话营销人员应具备哪些心理素质？
4. 作为一名电话营销人员应具备哪些综合素质？
5. 上网查找相关资料，明确公司对电话营销人员的岗位要求和待遇等。

任务二　电话营销物品准备

一、任务描述

完成了心理素质训练，了解了公司对员工仪容仪表等的要求后，小刘及其他新员工开始准备电话营销的用品和客户资料。

二、任务实施

活动一：设计准备清单

"工欲善其事，必先利其器。"一位优秀的营销人员除了具备锲而不舍的精神外，一套完整的销售工具是绝对不可缺少的战斗武器。

那么究竟应该准备哪些"工具"呢？培训师举了个例子：他自己刚上班，接通了第一个客户电话后，与客户交谈得很愉快，快结束时，客户甚至主动留下QQ号，要小江将资料给他发过去，这时小江发现自己忘记带笔和纸，匆忙之中只好向旁边的同事借用，可是人家正在用，客户等得不耐烦挂断了电话。幸亏主管及时发现，借给他笔和纸，并提醒他明天一定要带来，这才使得他那天的工作得以继续。到了快下班时，他发现自己由于紧张竟然一口水都没喝，口干舌燥的，声音都沙哑了。经过一天的工作，他发现自己还有许多准备工作没有做好，尤其是没带一些必备的工具。他希望新员工在正式上岗之前认真做好各项物品准备。那么在进入呼叫中心之前，应该准备哪些工具呢？请与小刘一起完成以下任务。

训练1：你认为电话营销需要准备哪些工具？请完成下表：

电话营销准备工具表

序号	准备内容	用途	备注
1			
2			
3			
4			
5			
6			
7			
8			
……			

训练2：以上这些工具的用途是什么，跟其他销售方式相比，电话营销工具有什么不同？

____

____

知识链接

电话营销物品准备清单的内容：

（一）笔

很多人都习惯了没有纸的生活，电脑的介入让很多人对笔产生了陌生感。也许你会说你的电脑用得很好。那我问你，你在一只手拿着电话的情况下还能很好地打字吗？敲打键盘的声音不会对电话的效果有影响吗？

那么，请你准备好你的笔。建议你使用以下三种：

（1）铅笔：通常用来做日常的备忘录，或者传真收件人的名字，没有用的时候可以擦掉，或者做常规的更新。

（2）红色的笔：做重点记录用，专业电话销售人员一天要打很多电话，一年就更多了。这么多的电话，特别重要的或紧急电话用红色的笔做个记号，这样就会很清楚了。

（3）蓝色笔或者是黑色笔：做平常的记录，通常在每一次电话中都要记录顾客的一些信息，记录这些信息对以后会有很大的帮助。

（二）便笺纸

最好是那种可以粘贴的，它能使你成为一个不健忘的人，同时也可以给其他的人（例如同事）做留言用。

（三）电话记录本

通常是业务人员日常的电话名录索引，同时又有利于公司电话销售人员的监督，大致的格式如下：

（1）标注时间日期，方便后续的跟踪。

（2）电话号码编号，可以很清楚地知道自己每天打电话的个数，可以量化自己的目标。

（3）空 5 ~ 10 行的空间，记录一些顾客的信息，有利于掌握顾客的心理和行为。

（四）计算器

在数据方面能让顾客感觉到你工作的高效性，也能提高你对数据的计算速度和正确性，并能有效地节省时间。

（五）涂改液和橡皮擦

更新信息，让我们快速地更新顾客的信息。

（六）喜欢的音乐

音乐可以让你产生灵感和活力，电话销售需要业务人员的耐心和热心，悠扬、热情的音乐可以帮助大家迅速达到巅峰状态，并产生良好的工作效果。休息的时候，舒缓的音乐也能让你得到更好的休息和高质量的放松。

（七）时钟

量化工作的效率，有利于自我监督，也可以让我们做好时间管理。

（八）镜子

不是用来化妆的。它有助于使我们一直保持良好的仪表，即使对方看不见。

（九）备忘录

提醒我们及时处理顾客的要求，帮助我们和顾客建立良好的关系，有利于提高电话销售成功率。

（十）传真机

有了它，你的工作效率就会提高很多。虽然现在用 E – mail 的很多，但是也有很多情况下顾客是需要你传真的。经常用电脑对眼睛不好，当你说“一分钟后你能收到我们的传真”时，顾客会很高兴。

（十一）准备你喜欢的饮料或者是茶水

饮料和茶水可以润嗓子，也可以补充体力，要提前准备好，不要嗓子哑了才想起来。

活动二：准备客户资料

除了准备以上工具之外，还有一项重要的资料需要准备，那就是客户资料，否则就像“巧妇难为无米之炊”一样，一切都无从谈起。那么客户资料从何而来，客户资料应包括哪些内容？如何建立客户资料数据库？请与小刘一起完成以下任务。

训练1：你准备从哪些渠道收集客户资料？完成下表：

序号	收集客户资料的途径	特点	备注
1			
2			
3			
4			
5			
6			
……			

训练2：下载安装相关客户搜索软件，结合其他渠道收集并建立客户数据资料库。完成下表：

顾客	姓名	年龄	性别	婚否	家属成员	学历	职业	年收入	地址	联系方式	健康状况
顾客1											
顾客2											
顾客3											
顾客4											
顾客5											
顾客6											
……											

知识链接

(一) 收集客户资料的途径

1. 互联网

动动你的手指，信息尽在指尖。企业网站、新闻报道、行业评论等网上信息随意让你搜。

- 优点：信息量大，覆盖面广泛。
- 缺点：准确性、可参考性不高，需要经过筛选方可放心使用。

2. 权威数据库

国家或者国际上对行业信息或者企业信息有权威的统计和分析，是可供参考的重点，对企业销售具有重要的指导作用。

- 优点：内容具有权威性和准确性。
- 缺点：不易获得。

3. 专业网站

很多是免费的，比如环球贸易网、阿里巴巴、全程办公网（www. om90. com，办公设备耗材专业网站）、亚太酒店用品网（www. hosap. com）、木镖网（www. moobioo. com，知识密集型服务业企业名录）。各行业内部或者行业之间为了促进发展和交流，往往设立行业网站，或者该方面技术的专业网站。

- 优点：以专业的眼光看行业，具有借鉴性，企业间可作对比。
- 缺点：不包含深层次的信息。

4. 展览会

最值得去的地方。各行业或者地区定期或不定期会有展览，会有很多企业参展。

- 优点：更丰富具体的信息。
- 缺点：展览时间的不确定性。

5. 老客户

你忽略了信息价值吗？你的老客户同你新的大客户之间会有一定的相同之处，而同行业之间会有更多的相似之处。因此，你的老客户也会很了解其他客户的信息。销售企业可利用同老客户的关系，获得行业内部的一些信息。

- 优点：信息具有针对性和具体性，可参考性高。
- 缺点：容易带主观思想色彩。

6. 竞争对手

竞争对手：让对手开口告诉你客户信息。就是要留意竞争对手正在关注的或者已经服务过的那些客户。

7．市场考察

要想获得第一手的资料，就必须到第一线去了解。

8．专业机构

从多个渠道收集我们所需要的信息，这是保证我们信息全面的有效方法，客户信息对我们后面的专业判断影响甚大，因此要严格认真地对待。

在获取客户信息时，要充分明确自身信息需求，积极汇聚潜在客户信息，要以敏锐的触觉感知市场，洞悉自己的竞争对手，实时跟踪动态信息的流变，要对行业市场全貌有所了解。

如广东工程信息网（www.buildinfo.com.cn，新建工程的信息及其业主联系方式都可以在上面查到）是提供有偿服务的，但数据非常准确，而且还早于市场一步。

9．朋友、熟人

俗话说“人脉就是钱脉”，平时要注意与朋友多联络、多沟通。

10．黄页、平面广告等传统媒体

这些宣传方式还有人在使用，不妨你也一试。

（二）如何建立客户名录

通过各种渠道收集来的客户资料应建立一个数据库即客户名录，它通常包括客户的姓名、年龄、性别、职业、联系方式等，除此之外，还应该建立每一个客户详细的档案，包括通话的记录、跟踪的情况、家族状况、兴趣爱好等。而客户名录及档案可利用一些客户关系管理软件来建立。

（三）客户搜索器介绍

收集客户资料的渠道很多，这里给大家介绍两款客户搜索软件，一款是“疯狂客户搜索器”，另一款是“卓讯企业名录搜索软件”。二者都可以让你在很短的时间内将网上的客户资源下载下来并自动生成客户名录，从而建立起客户资料数据库。

1. 疯狂客户搜索器

（1）作用。

把各种行业或商业网站上的公司库企业名录（客户资料）列表自动快速地搜集下来，并以数据表的格式存放到 Excel 表格中。

（2）优点。

用户可以自己设定任何一个想要搜集的网站，并且可以设定想要搜集的客户资料内容。还可以搜索各种求购与供应商机、论坛信息等。

（3）数据用途。

搜集到的客户数据可用于电话营销、传真群发广告（推荐使用 WinFax 传真软件）、邮递广告、电子邮件群发广告等各种营销行动。

（4）使用方法。

第一步：寻找目标网站。这里所说的目标网站是具有一定显示格式的网站，一般是公司库或者企业库。

第二步：判断页面是否可以搜索。搜索器可以搜索的网站有几个特征，第一是有显示列表，第二是有翻页，第三是列表中有点击进去可以显示公司联系信息的链接列表，这个列表中的任一链接我们称为一级地址。如果点击进去还要点击一下才可以查看到联系信息的，我们称为二级链接。

第三步：运行疯狂客户搜索器。建立一个搜索任务，任务需要填写的内容请参照第二步的设置。

第四步：依次点击“执行任务”—“生成列表”，等待列表完全生成。

第五步：点击“保存网页”，等待列表保存在本地。进度条显示 100%，就说明列表保存完毕。

第六步：提取。点击提取字段就自动生成所需要的客户信息了。

除此之外，卓讯企业名录搜索软件、冠艺企业名录搜索软件等也非常好用。

2. 卓讯企业名录搜索软件

卓讯企业名录搜索软件是一款针对营销计划的辅助型专业软件，拥有卓讯就拥有 1 000 万的客户联系方式。它能采集到众多商务网站中的公司信息，如阿里巴巴、慧聪、环球资源、中国供应商、生意宝等。它拥有全面的搜索结果，如公司名称、员工姓名、员工称呼、员工职务、员工电话、移动电话、传真、地址、邮编、法定代表人或负责人、E-mail、公司主页、公司介绍、主营业务、企业类型、经营模式、注册资本、公司注册地、员工人数、公司成立时间、主要客户、主要经营地点、经营品牌、管理体系认证、是否提供 OEM 代加工、质量控制、研发部门人数、厂房面积、工商注册信息等。

主要优点：

（1）独创无人看守机制，软件自动设置任务排队系统，搜索完成后可自动关机。

（2）覆盖全部主流网站，全面跟踪全球各大商务平台网站的企业库更新，让用户实时得到最新、最准的企业信息。

（3）多任务，多线程，采集任务单独控制，随意运行停止，不影响其他的任务。

（4）支持多种文件格式导出，方便对搜索数据进行应用。同时支持指定企业项导出，灵活方便。

（5）精准定位信息，软件可设置二级城市、经营模式、行业、注册年份等条件，帮助用户更快更准地找到客户信息。

（6）智能拆分。突破网站搜索页数限制，根据搜索条件，自动按地区等智能拆分。

三、拓展训练

除了被动地根据公司提供的客户资料及自己收集的客户资料进行电话营销之外，有进取心的营销人员应该积极主动地研究客户资料，这样才能有的放矢地进行销售，从而提升工作效率。

依照下面所提供的资料，分析以下客户中哪些是薪易贷产品的潜在顾客。可从顾客是否具有 MAN（即金钱、权力、需求）等角度来考虑。

（1）金钱：现金、资产和信用贷款；

（2）权力：有资格和权力购买；

（3）需求：需求、渴望或需要。

再次回顾薪易贷产品的主要特点：

> 无论您有什么金钱上的需要，如现金周转、房产首期、换新车、装修、进修或旅游等，“薪易贷”都能为您提供简便的个人贷款服务，只要您有薪资证明，现金即时到手。
>
> ＊无须抵押　＊无须担保　＊贷款额高　＊手续简便　＊快速批核　＊即时到款

1. 潜在顾客资料表

项目 顾客	年龄（岁）	性别	婚否	潜在需求	学历	职业	年薪（万元）	健康状况
顾客 1	16	女	单身	以学为主	中学生	无职业	无收入	佳
顾客 2	26	男	单身	时尚，热爱旅游	大专	网络营销人员	6	佳
顾客 3	32	男	已婚	妻子（怀孕 5 个月），想买房	本科	福昌顺包装印刷实业有限公司技术人员	8	佳
顾客 4	45	男	已婚	想将原来的小车“雪铁龙”换成“凌志”	本科	市场总监	20	良好
顾客 5	21	女	单身	想考 MBA，但学费较昂贵	本科	无职业	0.8（兼职）	佳
顾客 6	65	女	孀妇	对健康特别关注	退休	教师	9.6	一般
顾客 7	28	男	已婚	刚买了新房，未装修	大专	深圳市浮水印设计有限公司设计总监	10	佳
顾客 8	42	男	已婚	经常会遇到资金周转困难	本科	私营企业主	50	两年前有过心脏病，现已恢复

2. 顾客信息鉴定与分析表

顾客	收入	支配权	对贷款的需求
顾客 1			
顾客 2			
顾客 3			
顾客 4			
顾客 5			

（续上表）

顾客	收入	支配权	对贷款的需求
顾客 6			
顾客 7			
顾客 8			

问题：

1. 哪些是最具资格的准顾客？为什么？

顾客（　　）______________________________

顾客（　　）______________________________

2. 下一位你会考虑谁？为什么？

____

____

3. 哪位可在名单中除去，基本不做考虑？为什么？

____

____

小故事

不打无准备之战

小强刚从学校毕业，离他家不远的地方，有一家小卖部刚好贴出了一张招聘广告：招聘临时工，每天工资 30 元。小强立即跑过去应聘。到了那儿以后，他发现在他之前已经有 9 个人在等候。

店主是一个和蔼可亲的阿姨，看到 10 个人后，很是为难，想了想，然后说："小伙子们，非常抱歉，我这个小店只需要一个人，要不大家一起来进行一场比赛，谁赢了，谁就留下来，好不好？"

说着，店主就在平地上放了一瓶矿泉水，离矿泉水约 5 米远的地方画了一条直线。然后她交给每个小伙子一个比矿泉水瓶直径大一点儿的皮圈，让他们依次在线外投皮圈。每人 10 次机会，谁投中的次数最多，就算谁赢。

小伙子们都觉得这个办法很公平，也非常有趣，大家踊跃地投入了比赛。可是，因为皮圈较小，而矿泉水瓶又那么远，10 个小伙子都没有投中。

于是，店主对他们说："小伙子们，今天已经不早了，你们赶快回去吧，明天上午 10 点，我们在这里继续比赛。"

第二天，只来了5个小伙子，其中包括小强在内。店主阿姨亲切地说："小伙子们，到目前为止，已经有5个竞争对手被你们淘汰出局了，你们的机会增加了一倍。让我们加把劲儿，看看今天谁能赢得这场比赛。"比赛开始，在小强前面的4个小伙子每人投完了10次，居然有两个小伙子各自投中了2次，他们高兴得手舞足蹈起来。

轮到小强上场了，他就像一个职业选手，非常自信地走到那条直线边，不慌不忙地开始投掷，10投5中。其他几个小伙子看傻了眼，店主也大吃一惊，连忙问他："小伙子，你是如何变得这么厉害的？"

"很简单啊，为了参加今天的比赛，我昨晚练习了一夜。"小强不无自豪地回答。

当然，小强以绝对优势赢得了比赛，也最终赢得了那份临时工作。

请同学们结合案例谈谈准备工作的重要性。

思考分析题

1. 电话营销前应准备哪些工具？
2. 电话营销获取客户资料的渠道有哪些？
3. 如何建立客户资料数据库？

任务三　电话营销产品介绍

一、任务描述

准备好了电话营销工具及客户资料后，公司发放了集团简介及产品介绍，通过带新员工参观公司、产品知识系统培训、测试考核等手段对新入职的员工进行训练。

二、任务实施

活动一：熟悉公司

由于客户在电话中经常会对公司的一些情况提出问题，所以了解公司非常重要，如何介绍公司呢？培训师首先发放了公司宣传册，并对公司进行了详细介绍：

康王集团简介

1. 基本情况

康王集团成立于1995年。公司总部在深圳市南山区，在北京、杭州、广州有分公司，还将在多个城市设立分公司。主要业务是通过电话营销代理金融、保险、投资、珠宝、保健等业务。现有员工380人。

2. 公司地点（略）

3. 联系方式（略）

培训师强调介绍公司通常应包括以下重点：公司名称、地点、公司历史、主要荣誉、经营特点、主要产品、联系方式、网址、邮箱等，而这些通用知识，可以用到介绍任何其他公司中去。接下来请跟小刘一起完成以下任务。

结合所学知识，上网或通过其他渠道进一步搜集公司的有关信息，完成以下任务。

训练1：完成公司情况总结表：

序号	项目	内容	分值	得分
1	公司名称		5	
2	公司地点		5	
3	注册资金		5	
4	法人代表		5	
5	联系方式		10	
6	公司网址		10	
7	附近交通		10	
8	经营内容		15	
9	公司历史及大事记录		15	
10	你对公司的看法和建议		10	
11	其他		10	
	合计		100	

年　　月　　日

训练2：设计一段在电话中介绍康王集团的简介（100字左右），要求重点突出，言简意赅。

____

____

知识链接

（一）撰写公司情况分析报告

在电话营销之前，必须对公司情况了如指掌，因为客户会问任何问题，你不能到那时才去翻看公司简介。为了让员工对公司有更透彻的了解，通过撰写公司情况分析报告，能在较短的时间内完成这项任务。而公司情况分析报告可从公司现状、未来、SWOT（即优势、劣势、机会、竞争）等几方面着手，来完成相关任务。具体格式可参考下表：

<table>
<tr><td colspan="6">康王集团情况分析报告</td></tr>
<tr><td>撰稿人姓名</td><td colspan="2"></td><td>所属小组</td><td></td><td>成绩</td></tr>
<tr><td>现状</td><td colspan="5"></td></tr>
<tr><td rowspan="4">SWOT 分析</td><td>优势</td><td colspan="4"></td></tr>
<tr><td>劣势</td><td colspan="4"></td></tr>
<tr><td>机会</td><td colspan="4"></td></tr>
<tr><td>竞争</td><td colspan="4"></td></tr>
<tr><td>未来</td><td colspan="5"></td></tr>
<tr><td>其他</td><td colspan="5"></td></tr>
</table>

（二）公司简介范例

在电话或短信中介绍公司一定要简明扼要、重点突出。下面介绍几个成功的公司简介范例：

（1）深圳市星光达珠宝首饰实业有限公司：深圳市星光达珠宝首饰实业有限公司创立于 1997 年，是国内贵金属镶嵌领域的领军企业。公司主要从事贵金属镶嵌饰品、K 金饰品和翡翠饰品的研发、生产加工及销售，产品覆盖全国各地，拥有三千多个忠实客户群，被国内各大珠宝商誉为“梦工厂”。

（2）深圳市九曲网科技有限公司：深圳市九曲网科技有限公司是一家致力于网站建设、企业邮局、域名注册、网站推广等互联网应用服务的运营商。自 2003 年成立以来，已发展成为为国内中小企业信息化建设提供软件应用及服务的主要提供商之一。构筑起以深圳为中心，包括在上海、西安、南京、太原、郑州，长沙、东莞等多家分公司在内的技术支持与营销网络，遍布全国各地的员工近千名，拥有行业内最强大的研发和服务团队。

（3）深圳市南方网通网络技术开发有限公司：创建于2006年的深圳市南方网通网通网络技术开发有限公司，是国内领先的网络营销系统服务供应商，是集产品研发、销售、服务于一体的现代互联网企业。在全国16个省的60个城市拥有销售渠道。全国免费咨询热线：400－716－9797。

（4）深圳市海纳培训中心：深圳市海纳培训中心是深圳市市场营销协会的直属培训机构，成立于2006年7月，是全国最大的营销师培训基地。至今已有5 000余人接受了其举办的营销师培训。联系电话：0755－82476081，网址：http://www.szmarketing.com。

（5）深圳市深家网络信息服务有限公司：深家网络信息服务有限公司是一家从事专业呼叫中心运营、电信增值业务、网络信息、数码处理的高科技事业单位。网址：www.10109366.com。

（6）深圳市浮水印设计有限公司：成立于1997年。从咨询、策划、设计到制作，为客户提供全程一站式服务。

活动二：推荐产品

对公司情况了如指掌后，公司给新员工发放了产品说明书，要求他们认真学习该阶段公司的主推项目：薪易贷。

（一）薪易贷案例分享

张小姐是一名外企白领，由于是大专学历，在公司虽然表现良好，但职位提升空间有限。为了自己未来的职业发展，张小姐决定利用业余时间进修商务英语本科课程。通过申请亚联财的薪易贷，很快获得了20 000元的贷款，解决了学费问题。通过两年的进修，张小姐顺利获得了商务英语的本科文凭。之后，由于工作表现优异，很快获得公司的提升重用，工资收入也一路水涨船高。

（二）业务介绍

项目	具体内容
简介	无论您有什么金钱上的需要，如现金周转、房产首期、换新车、装修、进修或旅游等，“薪易贷”都能为您提供简便的个人贷款服务，只要您有薪资证明，现金即时到手。

（续上表）

项目	具体内容
产品特点	* 无须抵押　* 无须担保　* 贷须额高 * 手续简便　* 快速批核　* 即时到款
申请条件	1. 年龄介于18～60周岁；持有效身份证明文件； 2. 于深圳工作或居住； 3. 能提供收入证明，如：最近三个月银行代发工资存折/账单；或工作单位开具的工资单或收入证明（需加盖公司财务章/公章/人力资源章），并提供最近三个月个人主要使用的银行账户记录； 4. 住址证明（近两个月水/电/燃气费用单等）； 5. 工作证明（聘用合同/工作证等）。
申请途径	1. 亲临网点 2. 电话申请 3. 传真申请 4. 网上申请

学习完以上知识，请完成以下任务：

训练1：完成以下产品分析表：

序号	项目	你的回答或对策
1	申请条件	
2	产品特点	
3	申请途径	
4	客户有可能针对产品提的问题是什么？	
5	客户对产品最感兴趣的地方是什么？	
6	……	

训练2：网上查找相关资料，撰写产品介绍文章，要求字数200字以内。

训练3：请将你撰写的产品介绍文章读给大家听。

训练4：进行产品知识考核。分为笔试和知识问答两部分，各占50%。

知识链接

电话营销产品介绍训练方案

如何进行产品介绍是电话销售人员入门的必修课，也是最基础的技能，掌握生动化的产品介绍对于迅速抓住客户、实现交易有着巨大的作用。如果我们能够拥有一套电话销售人员生动化产品介绍的训练方式，无疑对提高销售人员的短期销售能力是非常关键的。以下是某企业实施的对电话销售人员进行产品介绍的训练方案。

（一）产品知识的灌输

这个活动主要由公司的产品经理负责，重点对产品策略、客户利益、产品系列、价格策略、竞争产品、行业知识、客户知识、客户案例等内容进行介绍；该部分的培训内容需要有比较充分的前期资料准备，并需要提供相对完备的培训提纲。每天要求销售人员将相关的重要内容背下来，并及时地检查、考试。

（二）撰写产品介绍文章

在初步了解了产品知识以后，为了保证所有的培训人员能够充分地消化吸收，并能够真正变成自己的东西，要求按照以下步骤书写文章。

首先，进行5 000字产品介绍的撰写，要求尽可能用自己的语言说明，并设计好内在的逻辑与层次。文章的结构可以按照FABE的句式进行展开，即按功能、特点、利益、证明进行展示，合格的继续进行，不合格的重做。通过这种方式可以使销售人员迅速地掌握产品的基础介绍内容，并且比较直观。

第二步，将5 000字的文章压缩到1 000字，要求和5 000字表达的意思一样，所不同的是表达需要更加精确、简练。

第三步，将1 000字的文章压缩到500字，这一过程将使销售人员更加明确介绍的核心要点。

第四步，将500字压缩到100字，这时的介绍成为一种口号，并且高度凝练。

最后，需要将100字再重新扩充到5 000字，这一过程将使销售人员重新认识自己对产品应当如何介绍。

这一过程的主要目的在于，最初的5 000字是为了使销售人员能够掌握产品内容，并条理化。1 000 ~2 000字的作用主要是让销售人员了解产品的关键卖点，简称挤水分。500字主要是用于短时拜访时的三分钟产品介绍，100字是用于电话销售或者是1分钟的介绍，最后再扩充到5 000字的目的是针对熟悉的客户能够进行半小时以上的长时间讲解。按照以上方式，销售人员可以迅速建立起产品架构，能够迅速理解产品的主要精髓及卖点，并且完成了自己的语言转化，比较容易量化评估，这种方式将提高50%的掌握效率。

（三）产品朗诵

所谓朗诵，就是按照5 000字的内容进行演说，要求不看稿件，能够用自己的语言声情并茂地将产品介绍给大家。场地最好选择在客流比较大的地方，并且将相关的电话销售人员集合在一起，逐个到队前演说。要求声音洪亮，充满感情。通过这种方式，销售人员可以相互学习不同员工在介绍产品时的特点，强化产品的介绍；还可以观察哪位电话销售人员的介绍更加具有吸引力，最能够招揽更多的客户驻足倾听。此外，这种方式将能够有效克服销售人员的恐惧感，建立自信心。这项内容一般需要训练2 ~3次效果才会比较明显。期间还应当注意销售人员的语气、语调、强调的内容及礼貌用语等等。

（四）产品一问一答

在产品介绍朗诵练习之后，需要将产品的介绍内容变成不同的客户问题，并且针对不同的客户问题，找出最好的应答方法，形成标准答案。这项工作需要长期坚持，并逐渐形成自己的问题库。

（五）考试

产品介绍的考试应当包含两大部分。第一部分是知识考试，主要以笔试为主，试题主要侧重于关键知识点的掌握，满分50分。第二部分为口试，主要是产品介绍的演讲，公司将派评委打分，满分为50分。考试不及格的淘汰或重考，新员工在此期间没有工资。

综上所述：产品介绍是非常重要的电话销售环节，必须牢牢地贯彻以下原则：

（1）产品介绍不是知识了解，而是销售动作，因此行动比知识重要。

（2）产品介绍的好坏需要一定的程序训练，而不是让员工自学成才。

（3）产品介绍是电话销售的基础工作，这一点学好了，才能够学好其他的。

（六）拓展训练

以下几款产品，针对不同类型的顾客，你将如何选择并推荐产品？

第一款：享乐人生终身年金保险（分红型）

产品特色：针对 20～55 岁的健康人士

1．基本年金，年年递增

到达领取年龄的第一个保单周年日领取基本保险金额的 100%，之后每年递增基本保险金额的 5%，直至第 20 年。

2．贺寿年金，乐享人生

从第 21 年起，每年领取基本保险金额的 100% 直至终身，一生相伴，共贺寿延。

3．保费豁免，关爱随行

如投保人意外身故或全残，我们将豁免整张保单剩余年度的保费，让关爱能够继续延续。

4．现金分红，锦上添花

在合同有效期内，在符合中国保险监督管理机构规定的情况下，我方将根据上一会计年度的分红保险业务的实际经营情况决定红利分配方案。

第二款：珍爱天使少儿教育金计划

产品特色：针对 0～18 岁的健康人士

1．教育经费，提前储备

孩子年满 18 岁时，给付 60% 保额的大学教育金；合同期满，给付 40% 保额的创业金，累计给付高达主险保额的 100%。

2．大病/医疗，全面兼顾

一旦投保，在孩子 22 岁前，不仅享受 30 种重大疾病保障，同时还享受住院医疗津贴，大病/医疗保障年年有效、不间断。

3．父母关爱，缴费无忧

在交费期内，若投保人意外身故或全残，我们将豁免整张保单余下年度的保费，让保单承载父母的爱心呵护，不至中断。

4．生存津贴，细心关怀

若投保人因意外身故或全残，孩子还将连续 5 年每年获得生活津贴和教育津贴两项利益，累计高达主险保额的 50%。

5．关爱津贴，提前获益

合同生效后，且经过犹豫期，在第一个保单年度内，给付当期已交主险的保险费的 12% 作为关爱保险金。

第三款：常青寿险专案

1．产品特色：55～75岁独享＋不问健康状况 ＋ 保证承保 ＋ 终身保障

常青寿险专案是市面上少有的、专门针对老年人量身定做的终身保险计划。疾病、意外身故有保障，而且意外身故有双倍赔付。尤其难得的是本保险计划不需体检，不问健康状况，电话投保，一定承保。每日保费不到5元，就能轻松获得保障终身的超值方案，给珍爱的子女、儿孙留心意，不留负担！同时本产品也允许子女为父母投保，作为关爱父母的一份心意。

2．投保四大理由

- 投保简单——不问病史，不必体检，一通电话保证承保！
- 终身保障——疾病、意外身故有保障，永不落空！
- 双倍保障——意外和疾病身故均保，意外身故至少享受2倍保费赔偿！
- 保费低廉——保费绝不会因年纪渐长或健康状况改变而增加！

您只需要填写简单的信息资料或者直接拨打我们的热线电话即可获得更详细信息，为自己或家人获得必要的保障。

以上三款产品针对以下不同类型的顾客，你将如何选择并推荐产品？

顾客1：王茂盛，60多岁，退休工人，有退休金。老伴身体不好，有糖尿病。两个孩子都已工作。

电话营销人员：介绍公司和推荐产品重点。

____

____

____

顾客2：程诚，男，30岁，进入连锁行业10年，从最开始的理货员一直奋斗到今天的采购部经理。工作稳定略有积蓄，生活小康。

电话营销人员：介绍公司和推荐产品重点。

____

____

____

顾客3：很多人对吕长青的评价都是“有钱的成功人士”。他们说的对，吕长青拥有自己的7家汽车维修连锁店，还有由他的妻子和姐姐管理的一家以怀旧为主题的酒店。不过，40岁的吕长青上有70多岁的父母亲，下有10岁的儿子，自己的身体也不像年轻时那么健壮。他常常有一种莫名的不安。

电话营销人员：介绍公司和推荐产品重点。

____

____

小故事

成功在于坚持

到澳洲留学快一年了，小明的英语仍比较糟糕。

小明天生胆怯，尤其在生人面前说话脸红心跳，这对小明想快速学好英语、找工作非常不利。小明急得像热锅上的蚂蚁，正在寻找解决的方法。

一天，他在麦当劳就餐时翻阅报纸，发现一个 Call Centre（电话呼叫中心）招人。他去面试时，才知道这家 Call Centre 就是每天用电话跟客户进行沟通，推销打印机产品。

销售工作的头两个星期是职业培训。总共有十个新来的销售员，培训过程是先让大家熟悉公司和产品，然后两两配对，拿公司准备好的销售脚本，不停地进行场景对话。

实战开始了，电话呼叫中心像煮沸的开水，大家都扯开大嗓门，对着麦克风喊，手指在键盘上飞。呼叫中心里有一个大白板，上面写满了销售员的名字，后面还有各种数字，跟学校里的成绩排行榜没啥两样。

领导给小明他们每人各发了五厘米厚的纸，上面印满了人名、公司名、电话号码、地址，叫他们先作市场调查，了解对方对打印机的需求量、品牌等。这是销售的第一步。

第一个破冰电话打出去——“嘟，嘟……”没人接，小明祈祷，千万不要接，千万不要接！就在此时，一声“Hello”传来，小明陡然哽住了，之前练好的对白，顿时跑得无影无踪。对方的声音很粗，“Hello，hello”地朝电话里说了两声，沉默了，但没挂电话，好像知道小明在这头犹豫要不要说话。

那是多么漫长的煎熬啊……但想一想，下一个人是不是也是这样呢？假如领导在小明身后看着小明呢？假如他发现小明没说小明该说的，小明是不是就要卷铺盖走人了呢？管他呢，反正对方也看不到小明，小明狠狠吸口气，迸出一个“Hello”！

电话结束，稀里糊涂也不知道说了什么。粗声男虽然态度不好，倒是有问必答。当小明把写满答案的数据纸递给老板时，领导竟高兴地跟小明击掌，对其他七个人说小明是第一个拿到别人资料的人……小明的自信心翻了一番。

这仅仅是开头。真正的电话推销，是拿这些数据纸，想尽办法淘纸下的金矿。一张数据纸没戏，就来下一张，没有挖到金子，再打……就这么不断重复刚才说的销售对白。

一个星期过去，十个人走了四个。小明开始失眠，做梦都梦到销售对白。

公司的政策是，三个月连续不达标，你就得收拾东西走人。销售额度是公司考察你有没有用的重要标准，公司没那么多钱养你。还有一个是通话百分度：你一天打的电话越多越好，说的时间越长越好。不管你卖出东西没有，只要你嘴巴一直在动，领导就知道你在努力，也许能留你多观察几个星期。否则，他会直接告诉你，明天不要来了。

销售就是这么残忍。眼看到月底，白板上小明的名字后面的销售额度还是个大鸭蛋。小明终于发飙了，抄起电话数据纸一张接一张地打，一听到对方说不感兴趣，小明就再问是什么让你不感兴趣。当对方再重复一个没兴趣后，小明直截了当，挂机！下一个！怒火冲天地干了两天后，老天有眼啊，终于让小明逮住一位偏远地区的小学校长，买了两个印盒，价值 430 澳元。那天，当小明写下第一个销售数字时，Call Centre 的许多人给小明鼓掌……当晚，小明睡得香极了。

20 天后，历经磨难的小明得到一条大鱼——当小明把 5 000 这个数字写下时，整个呼叫中心全体起立，除了掌声还有无数 Well Done（干得好）的欢呼，甚至有人跑过来跟小明握手……领导奖励小明一个巧克力蛙。那个月，小明拿到了 500 澳元的奖金。

真有意思！小明心想自己练口语，不用交学费，还拿钱，就是受一点儿气，多值啊。当卖出东西时，小明知道自己的英语别人听懂了，小明也听懂别人了，还能跟对方的公司讨价还价达成共识。金钱利益的产生是一次成功对话最直接的结果，这不是比托福口试得多少分更实惠吗？

小明还收到了领导的一句话：做十次生意失败九次很正常，但是没有坚强的意志，不一次一次地试，又怎么知道下一张数据纸里面没有你要的地下金库呢？

请同学们谈谈对该案例的感想。

思考分析题

1. 在电话营销中如何介绍公司？
2. 在电话营销中如何介绍产品？

任务四　模拟电话营销

一、任务描述

由于刘欣刚刚上岗，公司觉得让他直接与客户沟通时机还不成熟，所以就先进行最简单的短信电话营销。本环节就是在前面三个任务的基础上通过以薪易贷业务为背景、以设计短信营销话术为重点来完成该项目的总目标。

二、任务实施

活动一：物品准备

按照任务二的相关知识完成以下训练：

训练1：列好工具准备清单。

训练2：寻找目标客户，建立客户名录。

知识链接

不要过度准备

要注意的是，准备仅是销售的第一步。作为电话销售人员，你的大部分时间还是应花在与客户的交谈上，所以，你要避免犯过度准备的错误。我曾见过一些电话销售人员，为了打一个电话要花上1个小时的时间来准备。为什么？因为他害怕，他害怕他会把这个电话打糟糕，所以不断地花时间来准备，结果越准备，他越害怕，结果也未必好。

请记住：过度准备是错误的。

活动二：产品介绍

在熟悉公司的基础上再次回顾薪易贷业务，完成以下训练：

训练1：用一两句话来描述公司。

____

____

训练2：用最精练的语言介绍薪易贷业务。

____

____

知识链接

（一）在电话中如何介绍公司

总的来说，介绍公司有三点一定要做到。

- 业务讲到：要让客户清楚我们能为他提供什么，做什么，如何合作。
- 实力谈到：要让客户明白和我们合作为什么可以放心。
- 案例说到：要让客户知道我们不是在说大话，有很多用户和我们一起取得了成功，并有案可查。

具体来说，公司介绍通常应包括的要素有：企业名称、建立年份、所属行业、产品系列、地段/交通、产品优势、电话号码和网址等。

而与面对面销售不同的是电话营销中公司介绍一定要做到简短、重点突出。

（二）介绍产品的AIDA理论

产品介绍中的AIDA理论，也被称为“爱达”公式，这是西方推销学中的一个重要理论，在销售实践中得到了广泛的应用。AIDA中的四个字母分别代表以下几个方面的内容：

1. Attention：吸引客户的注意

销售人员向客户介绍产品时，首先要引起客户的注意，要打破客户占主导地位的局面，让他将注意力集中在你所说的每一句话上。

不管你从事何种产品的销售，你都要设计出一个问题或者一番话来引起潜在客户的注意，你的问题或想法意在表明你的产品或服务可以很好地适应客户的特殊需求或需要。

2. Interest：引起客户的兴趣

如果客户能满怀“兴趣”听你介绍产品，无疑说明客户在一定程度上认同你的产品或服务，你的推销就向成功迈进了一步。

好奇之心，人皆有之。客户对了解新产品和新服务会有着浓厚的兴趣，但仅仅有兴趣是不够的，你的介绍还必须和客户的需求结合起来，从而才能引起他对产品的认同。

引起客户的兴趣属于推销的第二个阶段，它与第一个阶段是相互依赖的，集中了客户的注意力，才能引起客户的兴趣，而客户有了兴趣，注意力才会越来越集中。

3. Desire：刺激客户的购买欲望

当客户觉得购买产品所获得的利益大于所付出的费用时，他就会产生购买的欲望。因此，让客户认识到产品的积极作用，是你成功实现销售的关键。

大多数情况下，产品可以激发客户的购买欲望的因素有：

（1）增加收入或节约资金；

（2）有更高的性价比，更为方便；

（3）流行、时尚，令人羡慕；

（4）可改善自己在生活或工作中的状况。

在这个过程中，销售人员应该做的就是，找到产品的性能和潜在客户购买欲望的结合点，说服客户，让他相信你的产品可以使他得到这些方面的满足。

4. Action：让客户采取行动

推销的最终目的是要让客户购买产品，这个环节你要让客户作出明确的购买决定，这样，你就完成了整个销售过程。

这四个方面的内容也是客户作出购买决定的逻辑过程。一个成功的推销员，首先必须把顾客的注意力吸引或转移到产品上，使顾客对销售员所推销的产品有兴趣并产生购买的欲望，进而再促使其行动，购买产品，达成交易。

所以一个成功的产品介绍应该包含以上四个环节。

活动三：短信营销

提炼薪易贷产品的重点，完成以下训练：

训练1：针对薪易贷业务，用最简短的语言设计一段短信。

____

____

训练2：同学们之间互相发送编写好的短信。

____

____

训练3：将短信话术上传给老师或企业培训师。

____

____

训练4：将老师或培训师认为合格的短信发给目标客户。

____

____

知识链接

（一）短信电话营销的作用

随着手机的普及，短信已成为销售人员开展业务的形式之一，在电话营销中起着重要的作用，具体表现如下：

（1）短信是电话营销的侦察兵。当我们拿到准客户的资料时，要加以区分，能掌握客户详细资料，就可以直接开展电话销售。若情况不详，或不知道客户是否做这一行，对于这样的准客户，最好的选择是先发手机短信和对方沟通。如果对方能够热情地回短信，说明业务有希望；如果对方理都不理你，说明他根本不是你的客户，那么电话也不用打了。

（2）短信能架起一座和客户沟通的桥梁。对于是你的准客户，一时又不采购你产品的客户，手机短信就成了通向客户的桥梁。你可以在节假日、周末，利用手机短信带去你的祝福。久而久之，客户会被你的真心感动，这时你再打电话给他，他即使不要你的产品，也会对你非常客气的。当他在选择产品时，你会成为他的首选。当然要坚持给客户发短信。

（3）短信是宣传产品卖点的最佳手段。有的客户虽然想买你的产品，但又对你的产品还抱有犹豫的态度，这时你可以通过手机短信来宣传产品，促使客户下决心。

（4）短信是培养客户忠诚度的有力工具。电话营销的目的不仅仅是销售产品，还要保证老客户不流失。这时手机短信就可以完成这个使命。经常利用手机短信问候客户，让客户感觉你始终记得他，是保证老客户忠诚度的好方法。

（二）短信电话营销技巧

销售人员如何利用短信做好电话营销？可参考以下几点：

（1）要注意发短信的时间。不要任何时间都发，掌握不好时间，会让客户厌烦。发手机短信的最好时间应是上午十点半到十二点，下午三点半到六点，晚上七点到九点。这些时段，人们比较容易接受你的短信。当然不要影响客户吃饭和休息。一般周末晚上和星期天，没有特别的预约，不要发短信给客户。

（2）转发的短信要改写。许多营销员朋友喜欢转发一些写得特别生动感人的短信，而且原原本本地转发，不加任何修改，甚至把一些不同行业的祝福短信在同一行业内的客户中转发，闹出笑话自不必言，更重要的是如此做法会让客户感觉我们缺少真心祝福的诚意。

（3）发短信时一定要写上自己的名字。这是许多人包括营销员朋友发短信时经常忽略的一点。假设你费尽心思写成了一条绝好的祝愿短信，发给了非常适合的客户，却不注上自己的名字，客户怎么会知道你是张三还是李四！所以发短信时，一定要注明自己是谁，有必要时还要注明自己的单位或公司名称。

（4）对新客户应先发几条短信，再电话联系。对于新客户，由于双方认识还不够深刻，随即打电话不免显得唐突。如果在电话联系前发几条短信作为铺垫，让对方对自己有一个初步了解，将会起到意想不到的效果。

（5）发短信一定要差异化，要有所不同。不同的客户有不同特点和喜怒哀乐，因此发送的短信一定要有差异化。有了差异化才有个性化，有了个性化才能让客户感受到你对他极大的尊重。

（6）写短信时要感性，发短信时要理性。这一点很重要，因为它直接关系到我们发短信的效果，不加注意，将会使发出去的短信适得其反。所谓感性，就是写短信时一定要充满真挚的感情，写出的文字要能传递这种感情；所谓理性，就是在发短信时一定要慎重，根据实际情况运用不同的短信内容，采取不同的发送方式。

（7）短信语言要有个性化，要生动感人，情感表达要到位。我们知道，一条短信字数最多不过上百，那么，如何以这么短的信息来充分表达“所思所想”？同时，现在的短信息可谓泛滥成灾，一个人每天可以收到十几甚至几十条短信，如果我们编写的短信缺乏特色，不能打动人，客户或许根本不会理睬。所以编写的短信一定要突出个性，以生动精练的语言把内心情感表达到位。

（8）短信要贯穿电话营销的每一个环节。短信是电话营销中的重要组成部分。如果要让一个客户认可你，在售前、售中、售后经常适时地发短信，一定是一个好方法。

（9）短信内容一定要注意言简意赅，重点突出。

（三）成功短信营销范例

例一：金融产品

中行于 2011 年 7 月 26 日至 28 日发售 63 天活利宝产品，预期年收益率为 5.3%，额度有限，先到先得。您的理财经理王小姐，电话：22223330。

例二：地产业务

新加坡买房移居，7 成贷款。1% 利率，新加坡开发商全面解析，本周六全天华侨城洲际酒店马德里厅，30 多个精选项目，7 月考察团。电话：33367712。

例三：移动业务

手机阅读向您提供海量精品图书、杂志和漫画的内容服务，包月订购分为3元包和5元包。订购包月后，用户可免费阅读包月内的全部图书，并享受书包外非特价图书点播8折，及附赠每周一条书讯服务。可拨打10086或到当地营业厅办理订购。

例四：滴滴打车

您有权利享受更好的出行！60元滴滴专车礼券大礼包已放入您的账户，完成订单还可以再获得红包，请跟好友一起分享哦！

三、拓展训练

如何在校园内开展电话营销

由于校园内条件有限，在未成立电话呼叫中心的情况下如何在校内开展电话营销呢？这里介绍一款软件——微微网络电话，可在学校的机房上免费安装，免费拨打，从而达到与在电话呼叫中心几乎相同的效果，但不需要昂贵的运营成本。

微微网络电话

1. 应用简介

微微网络电话是一种基于真实电话号码认证的即时网络沟通工具，可以通过手机、iPad、电脑进行免费语音、视频通话，还可以免费发送短信、图片及语音信息，也可以免费拨打网络电话，让用户在全球任何能上网的地方都可以及时地和亲朋好友畅快地沟通。

2. 应用功能

（1）拨打视频、语音电话。微微用户之间，如果对方在线，可以通过微微进行语音、视频的实时交流；如果对方不在线、网络连接不稳定或者是以座机电话登记的用户，则通过微微免费网络电话联系。

（2）文字短信。微微用户之间可以免费发送文字短信，支持手机与手机之间、手机与电脑之间、电脑与电脑之间的信息传递。

（3）多媒体信息收发。微微用户之间可以免费发送语音、图片信息，支持手机拍照随拍随发，发送语音信息，录音即录即发，语音对讲，增强沟通乐趣和沟通效果。

3. 使用环境要求

（1）终端设备要求。微微是一款跨平台的应用程序，只要用户终端的系统是 iOS 4.0 及以上、Android 2.1 及以上的手机，或者安装了 Windows XP 及以上系统的电脑，就能够使用微微互联互通。

（2）网络环境要求。微微无国界，在全球只要能上互联网的地方都可以使用，短信和语音对讲功能对宽带无特别要求，语音、视频通话或网络电话建议在 WiFi 或者 3G 条件下使用。

4. 微微的费用

微微用户之间的短信、语音和视频通话完全免费。在使用微微时产生的上网流量费由网络运营商收取，建议用户配合上网流量套餐或在有 WiFi 的情况下使用。使用短信和语音对讲功能占用的流量费用非常低，大约 1M 可以发送 1 000 条短信，语音通话流量约每分钟 200KB。即使身处异国，如果能接入当地免费的 WiFi，也可以享受免费的国际语音、视频通话。

5. 使用方式

（1）微微好友通话。双方都是微微用户，且都在 WiFi/3G 的网络环境下，支持 iPhone/Android/Windows（XP、Vista、7）。

（2）网络电话直拨。直拨采用单向呼出模式，如同普通电话拨打一样，需在 WiFi/3G 下使用，支持 iPhone/Android/Windows（XP、Vista、7），通话中消耗流量大约每秒 5KB，每 5 分钟仅消耗 1M 多的流量。

（3）回拨呼叫。回拨采用双向呼出模式，主叫需接听系统来电，再接通对方，双方都变拨打为接听电话（因接听电话为免费），当网络状况不好时推荐使用回拨呼叫，回拨呼叫通话质量好且不消耗流量。建议在移动 2G 或使用网络电话直拨通话效果不好时选择回拨呼叫，发起回拨呼叫的流量小于 1KB（通话中不消耗流量），也就是说拨打回拨呼叫不管你通话多久最多消耗 1KB 的流量，完全可以忽略不计。

（4）线下呼叫。手机直接拨打 4001007883，即微微的回拨预约号码，输入你要呼叫的号码后挂机，这时系统会立即呼叫你的手机，接听来电后微微再帮你呼叫对方的手机，双方都变拨打为接听电话（因接听电话为免费）。手机拨打微微回拨预约号码是不会接通的，只是有彩铃音，所以你的手机不会产生任何费用。

请每位学员从网上下载微微网络电话软件，学习它的使用方法，并尝试通过软件发短信，并进行简单的电话营销。

小故事

人好了，世界也就好了

一个礼拜六上午，一位牧师正在苦思明天的布道词，妻子出去购物，淘气的儿子在旁边搅得他心烦意乱。他实在不知该如何让儿子安静下来，忽然看见身旁的一本杂志，灵机一动，扯下了封面，这是一张背面是人像的世界地图。他把它撕成了很多块，然后交给淘气的儿子，让他到一边把已成碎片的世界地图重新拼接好，允诺如果拼好了就给他一美元。

父亲以为这件事足够儿子忙乎一阵子了，可是才不过十分钟，就响起了敲门声。儿子站在书房门口，手里拿着的正是他从碎片中拼起来的世界地图！

父亲惊异于孩子的速度，问他是如何在这么短的时间内完成的。儿子很是得意："我先按人像来拼碎片，然后翻过来就是地图了，只要'人'好了，'世界'也就好了。"

父亲心中一动，把一美元给了孩子，说："儿子，感谢你的提醒，你使我想好了明天的布道词——只要人好了，世界也就好了。"

所以不要抱怨世界怎样，关键在于人本身。一个人，无论何时何地，只要保持一种乐观的心态，就会发现这个世界其实很美丽、很可爱，一个自尊、自爱、自强的人应该每时每刻都积极进取、朝气蓬勃。

请结合电话营销岗位实践谈谈自己的感受。

思考分析题

1. 短信营销的作用是什么？
2. 短信营销有哪些技巧？

项目评估

项目一实施评价表

评价要素	评价内容	评价依据	评价标准	分值	得分
电话营销岗位认知（25%）	心理素质训练	1. 对电话营销岗位的认识 2. 对电话营销岗位做了哪些心理准备 3. 打了近200人的电话，却没有一单成功，怎样处理对待 4. 在电话中遇到了客户粗暴无礼的对待，处理的方法和态度	A. 对电话营销岗位有清醒的认识和充分的思想准备，面对挫折和客户不公正的对待能有百折不挠的勇气与承受力，能及时有效地调整自己的心态，性格阳光、开朗乐观	8 ~ 10	
			B. 对电话营销岗位有较清醒的认识和较充分的思想准备，有面对挫折和客户不公正对待的勇气与较强的承受力，能调整自己的心态，性格较开朗乐观	6 ~ 8	
			C. 对电话营销岗位认识不清，思想准备不充分，面对挫折和客户不公正对待时表现不佳，不能及时调整自己的心态，性格悲观，负面情绪较多	0 ~ 8	
	外在形象准备	1. 表情 2. 站姿 3. 坐姿 4. 精神面貌 5. 总体形象	A. 对外在形象的重要性总体认识清晰，站姿、坐姿正确，注意微笑，综合形象自我塑造优良	8 ~ 10	
			B. 对外在形象总体认识较清晰，站姿、坐姿基本正确，综合形象自我塑造良好	6 ~ 8	
			C. 对外在形象的重要性总体认识不清晰，面部表情生硬，站姿、坐姿不符合规范，综合形象自我塑造不佳	0 ~ 6	

（续上表）

<table>
<tr><th>评价要素</th><th>评价内容</th><th>评价依据</th><th>评价标准</th><th>分值</th><th>得分</th></tr>
<tr><td rowspan="6">电话营销物品准备（25%）</td><td rowspan="3">准备电话营销工具</td><td rowspan="3">电话营销工具准备清单</td><td>A. 电话营销工具准备清单内容完整、合理、实用</td><td>8～10</td><td></td></tr>
<tr><td>B. 电话营销工具准备清单内容较完整、合理、实用</td><td>6～8</td><td></td></tr>
<tr><td>C. 电话营销工具准备清单内容不完整、不太实用</td><td>0～6</td><td></td></tr>
<tr><td rowspan="3">准备客户资料</td><td rowspan="3">1. 收集客户资料的渠道
2. 建立的客户资料数据库
3. 客户资料搜索软件的运用</td><td>A. 能通过各种渠道收集客户资料，会使用多种客户资料搜索软件，并建立科学合理的客户资料数据库</td><td>10～15</td><td></td></tr>
<tr><td>B. 能收集客户资料，并建立客户资料数据库</td><td>8～10</td><td></td></tr>
<tr><td>C. 不知道如何收集客户资料，并无法独立建立科学合理的客户资料数据库</td><td>0～8</td><td></td></tr>
<tr><td rowspan="3">电话营销产品介绍（30%）</td><td rowspan="3">熟悉公司</td><td rowspan="3">1. 撰写公司情况分析报告
2. 完成公司情况总结表
3. 设计一段在电话中介绍公司的对白</td><td>A. 撰写的公司情况分析报告内容完整、文字通顺、语言流畅；设计在电话中介绍万商公司的对白简明扼要，能在短时间内吸引客户</td><td>10～15</td><td></td></tr>
<tr><td>B. 撰写的公司情况分析报告内容较完整、文字较通顺、语言较流畅；设计在电话中介绍万商公司的对白能在较短时间内吸引客户</td><td>8～10</td><td></td></tr>
<tr><td>C. 撰写的公司情况分析报告内容不太完整、文字不通顺；设计的在电话中介绍万商公司的对白重点不突出，无法在短时间内吸引客户</td><td>0～8</td><td></td></tr>
</table>

（续上表）

评价要素	评价内容	评价依据	评价标准	分值	得分
	推荐产品	1. 编制产品分析表 2. 撰写产品介绍文章 3. 产品知识考核结果	A. 编制的产品分析表完善，撰写的产品介绍文章符合要求，产品知识考核结果优秀	10～15	
			B. 编制的产品分析表较完善，撰写的产品介绍文章基本符合要求，产品知识考核结果良好	8～10	
			C. 编制的产品分析表内容不太完善，撰写的产品介绍文章重点不突出，产品知识考核结果不佳	0～8	
模拟电话营销（15%）	物品准备	1. 准备清单 2. 客户资料	工具准备清单是否完善，客户资料收集渠道是否多样，客户名录是否丰富	0～5	
	产品介绍	1. 公司简介 2. 产品说明	公司简介、产品说明是否重点突出、简明扼要	0～5	
	短信话术设计	1. 短信话术 2. 现场表现	短信话术设计脚本是否可行，现场表现是否积极	0～5	
其他（5%）	1. 没有上网玩游戏或做其他与项目无关的事 2. 独自完成实训任务，没有抄袭等现象			0～5	
总分				100	

项目总结

回顾项目一的实施过程，谈谈自己的体会，总结一下收获和不足，提出个人努力方向与建议。

项目二　电话营销售中实战

引导案例

大专毕业后，冰冰怀着美丽的梦想，踏上了南下深圳的列车，她告诉自己，一定要在这座城市找到属于自己的位置。在最初的两年里，她先后换了几份工作：做过保险，直销洗发水，推广保健器材，销售建筑工地发电机，拉团体制服订单，还做过酒店服务生。每份工作做的时间最长不超过几个月，最短只有不到 10 天，但最终都以失败告终。最后，她向自己的亲戚朋友借钱，租了一个门面做生意，还是失败。折腾到这个时候，她已是精疲力竭，身体健康状况也直线下滑，最轻时，体重不到 40 公斤。她对未来彻底失去了信心，感觉前途一片迷茫。

幸好天无绝人之路，这时有个机会让冰冰来到了康王集团，销售部陈经理给她指出了一条路："尝试做电话营销，这对你也许是个机会。"

刚开始时，冰冰觉得有些艰难，但经过公司系统培训，并静下心来克服困难，冰冰发现其实电话营销工作并不难。只要你掌握了其中的诀窍并坚持下去就一定会成功。不到两年时间，她当初的梦想便在不懈地努力下实现了。冰冰现在的个人业绩做到了全公司第一名，每年仅凭一部电话就能完成超过 1 000 万元的销售业绩。1 000 万元，曾几何时，这个数字根本不是冰冰能想象的。

冰冰鼓励刘欣及其他新入职的员工好好学习电话营销技巧，成功青睐努力坚持的人。

项目目标

一、知识目标

1. 熟悉电话营销脚本的设计方法
2. 熟悉接电话的礼仪
3. 熟悉打电话的礼仪
4. 了解电话异议处理的方法
5. 熟悉电话中达成协议的方法

二、能力目标

1. 会设计并灵活运用电话营销脚本
2. 会正确接听电话
3. 会正确打呼出电话
4. 会迅速处理客户异议
5. 能在电话中与客户达成协议

三、项目总目标

将保险产品通过电话成功地推销出去

项目背景

经过前期培训，又经过编写小额贷款短信的模拟训练，刘欣不但在心理上、外形上做好了准备，而且对公司的产品、如何收集客户资料、简单的短信营销都胸有成竹。经理将他们带到了公司的电话呼叫中心，准备让他们正式上岗了。而在这一环节，公司对他们提高了要求，让他们电话营销公司的主要业务之一——一款保险产品。先熟悉一下这款产品：

车辆损失险

一、产品特点

1. 便捷。电话、官网都可以随时随地报价投保。

2. 专业。拥有专业投保顾问，每天在线提供投保建议。有专家提供上门送单和配送查询服务。客户可以随时打×××电话或登录网站查询保单配送的进度。支持现场 POS 机刷卡、手机银行支付、网上银行支付、信用卡预付。

3. 实惠。私家车车主通过电话、网络、手机等渠道购买商业险还能有 15% 的额外价格优惠。

二、保险内容

1. 发生保险事故时，补偿您车辆的损失。

2. 如果发生事故，如车子撞到护栏、柱子等，或被外界物体倒塌/坠落砸坏，或您不小心撞了别人的车辆，自己的车子受损，保险公司可以按照条款赔偿您的车辆维修费用。

三、适用对象

1. 新手上路，经验有限，容易发生交通意外，有必要购买。

2. 该险种性价比高，目前车价 10 万元左右的车辆，一两个配件的维修费用就可能超过千元。90% 的用户会购买。

四、理赔电话（略）

五、产品价格

可通过车险报价器根据不同的情况快速报价。

六、车险理赔案例

案例一：张先生某日清晨驾驶自己的别克轿车出行，途中，对面驶来一辆高速行驶的卡车，张先生为躲避该卡车紧急让道，不慎使自己的车身陷入路边积满泥水的大坑中。车当下就熄火了，张先生担心发动机出现问题就没有继续启动车子，而是立刻打电话给保险公司联系专业救援。保险公司将车拖走后经过检测，得出的结论果然不出张先生所料，是汽车发动机的某个部件出现问题。但是，让张先生困惑的是，保险公司的理赔人员告诉张先生，本次故障保险公司不予理赔。然而，张先生并没有违反合同规定在水中启动事故车辆，为什么不能获得理赔呢？

本次车险理赔案例要告诉我们的是，保险公司不予理赔原因的关键是张先生的车辆事故发生的时间不符合规定。保险公司明文规定，对于洪水和暴雨造成的车辆损失，保险公司都会予以赔偿。其中暴雨天气的标准是根据气象部门的规定而制定的，并且需要相关证明。也就是 24 小时内，降水超过 50 毫米为暴雨，达不到标准则不属于暴雨范畴也就不能获得理赔。但是张先生所在的城市在昨天确实发生了大范围的连续暴雨，按照暴雨标准也可以获得理赔，那么问题究竟出在哪里？保险公司的理赔员进一步解释说，理赔条件是发生暴雨时，也就是暴雨当天，而张先生的事故是在第二天，暴雨已经停止，其车辆问题并非暴雨造成，所以保险公司不予理赔。

案例总结：保险公司的隐含条件有二。一是车辆损失必须发生在暴雨当天，雨停理赔也就截止了；二是对于该雨天是否为暴雨天气，有严格的标准，并非下雨即可获得赔偿。

针对这款保险产品如何通过电话进行推销，培训师首先告诉刘欣电话销售的基本流程，如下图所示：

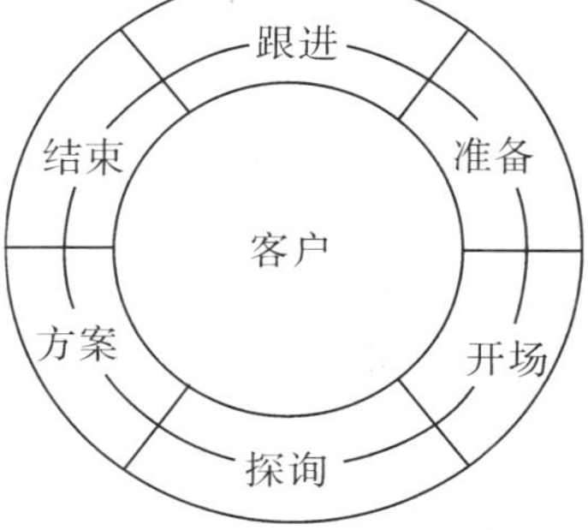

无论是呼入式电话 inbound call，还是呼出式电话 outbound call，其流程具有很大的相似性。如上图所示，包括准备、开场白（或问候）、探询客户需求、推荐产品、与客户达成协议、结束电话、跟进客户。本项目就是围绕着这六个环节展开的。

项目分解

任务一：电话营销脚本设计
任务二：电话营销售中实战
任务三：电话营销异议处理
任务四：电话营销交易达成

任务一　电话营销脚本设计

一、任务描述

在正式进行电话营销之前，首先应针对产品写好营销脚本，而其中的开场白尤其重要。所以这个环节包括准备开场白和电话营销脚本设计。

二、任务实施

活动一：准备开场白

据说，入读哈佛大学要过三关：第一关，学习成绩要达标；第二关，身体素质、道德素质要达标；第三关，也是最难的一关，就是在开学的那一天，学校的教务主任将会拿把椅子坐在校门口，手里端杯茶或者拿张报纸，对想进入校门的新生提出一个问题："请在30秒内给我一个惊喜!"报到新生如果做不到，即使前两项合格，也将无缘哈佛大学。

"30秒内给出一个惊喜"考察的就是一个人所具备的机智，生活中时常需要这种智慧，电话销售人员更需要这种瞬时解决问题的能力。因为电话销售人员所能利用的资源非常有限，只能通过一部电话在有限的时间内解决所有问题，不像面对面销售，业务人员可以调动很多工具达到销售目的。

在电话被接通后约30秒内，开场白是否成功将直接关系到谈话能否继续，如果啰啰唆唆不着边际，最后被"扫地出门"也就在意料之中了。所以电话营销开场白非常重要。培训师首先让新员工看一个电话营销开场白的案例：

"王总，您好！我是康王集团的陈志良，我公司是国内最早应用电话进行车辆保险营销的专业公司之一。您的一个朋友王志（停顿）介绍我给您打这个电话。听说您想了解一下我公司有关投资型的保险项目，您现在是否有时间让我给您详细介绍一下?"

从这段对话中，培训师指出通常开场白应包括五方面的要素：

①开场白自我介绍；②相关人物的说明；③介绍打电话的目的；④确认对方时间的可行性；⑤转向探询需求。

同时还要做好多项开场准备，如明确给客户打电话的目的、明确打电话的目标、设想达到目标所必须提问的问题、设想客户可能会提到的问题、设想电话中可能出现的事情、准备好所需资料等。下面与小刘一起完成以下任务：

训练1：根据以下开场白，请分辨出哪些是和开场白的五个要素相对应的。

"陈总，您好！我是康王集团的小刘，是康王公司的丛总建议我和您联系的，听说您买了新车，不知您是否需要买车险，能否占用您几分钟时间给您介绍一下?"

____

____

____

训练2：设计一个30秒之内的用于自我介绍的开场白。

训练3：请指出以下开场白案例的不足之处。

案例1

首次和客户的电话沟通："您好，陈先生，我是九曲网科技有限公司的张明，贵公司已经成立五年多了，我们和贵公司合作也已经很多年了，不知道您是否曾经听说过我们公司？"

不足之处：

案例2

销售员："您好，陈先生，我是九曲网科技有限公司的张明，我们是专业提供××的公司，请问您现在在用哪家公司的产品？"

不足之处：

案例3

销售员："您好，陈先生，前几天我寄了一些光盘/资料给您，不知道您收到没有？"

不足之处：

案例4

销售员："您好，陈先生，我是九曲网科技有限公司的，我们是提供专业的××和服务的公司，不知道您现在是否有空，我想花一点时间和您讨论或给您介绍一下？"

不足之处：

知识链接

（一）电话营销开场白中的关键因素

1. 电话营销开场白自我介绍

自我介绍非常重要。例如，当电话接通后你说："您好，我是销售培训机构的××。"一定要在开场白中很热情地表示友善的问候和自我介绍，这是开场白当中的第一个因素。

2. 电话营销开场白相关的人或物的说明

如果有相关的人或物，要对相关的人或物作一个简明扼要的说明，这等于建立一座与客户沟通的桥梁。如果开门见山地直接进入话题，显得很唐突，也不利于建立融洽的关系。所以最好有一个相关人或物的说明。

3. 电话营销开场白介绍打电话的目的

接下来要介绍打电话的目的。介绍打电话的目的时有一点很重要，就是突出对客户的好处。在开场白中要让客户真正感受到你对他的价值究竟在哪里。

4. 确认对方时间的可行性

你可能要花 5 ~ 10 分钟的时间来跟客户进行交流，这时你要很有礼貌地询问对方现在打电话是否方便。当然，这句话未必对每个人都适用，你也不必对每个人都讲。如果你觉得这个电话可能要占用客户较多的时间，同时你觉得对方可能是一个时间观念非常强的人，在这种情况下，你应有礼貌而又热情地征询对方的意见。

5. 转向探询需求

假如你是为了建立关系、挖掘他的需求，一定要用提问来作为打电话的开场白，找到对方感兴趣的话题，客户就会乐于谈他自己的想法，谈话就会非常容易地进行下去。同时还应注意，打电话给客户时一定要对客户的各个方面有一个较为完整的了解。

（二）电话营销六种经典开场白

1. 请求帮忙法

电话销售人员：您好，李经理，我是南方网通的××，有件事情想麻烦一下您（或有件事想请您帮忙）！

客户：请说！

一般情况下，在刚开始就请求对方帮忙时，对方是不好意思断然拒绝的。电话销售人员会有 100% 的机会与接线人继续交谈。

2. 第三者介绍法

电话销售人员：您好，是李经理吗？

客户：是的。

电话销售人员：我是××的朋友，我叫××，是他介绍我认识您的。前几天我们刚通了一个电话，在电话中他说您是一个非常和蔼可亲的人，他一直非常敬佩您的才能。在打电话给您之前，他务必叮嘱我要向您问好。

客户：客气了。

电话销售人员：实际上我和××既是朋友关系又是客户关系，一年前，他使用了我们的产品之后，公司业绩提高了 20%，在验证效果之后，他第一个想到的就是您，所以他让我今天务必给您打电话。

通过“第三者”这个“桥梁”过渡后，更容易打开话题。因为有“朋友介绍”这种关系之后，就会无形地消除客户的不安全感和警惕性，很容易与客户建立信任关系。

3. “牛群效应法”

在大草原上，成群的牛一起向前奔跑时，它们一定是很有规律地向一个方向跑，而不是向各个方向跑，乱成一片。

把自然界的这种现象运用到人类的市场行为中，就产生了所谓“牛群效应法”，它是指通过提出“与对方公司属于同行业的几家大公司”已经采取了某种行动，从而引导对方采取同样行动的方法。

电话销售人员：您好，王先生，我是××公司的××，我们是专业从事电话销售培训的，我打电话给您的原因是因为目前国内的很多IT公司如戴尔、用友、金蝶等都是采用电话销售的方式来销售自己的产品，我想请教一下贵公司在销售产品的时候有没有用到电话销售呢?

电话销售人员在介绍自己产品的时候，告诉客户同行业的前几个大企业都在使用自己产品的时候，这时“牛群效应”开始发挥作用。通过同行业前几个大企业已经使用自己产品的事实，来刺激客户的购买欲望。

4. 激起兴趣法

这种方法在开场白中运用得最多、最普遍，使用起来也比较方便、自然。激起对方兴趣的方法有很多，只要我们用心去观察和发掘，话题的切入点是很容易找到的，具体参看以下案例。

约翰·沙维祺是美国百万圆桌协会的终身会员，是畅销书《高感度行销》的作者，他曾被英国牛津大学授予“最伟大的寿险业务员”称号。一次他打电话给美国哥伦比亚大学教授强森先生，开场白如下：

“哲学家培根曾经对做学问的人有一句妙语，他把做学问的人在运用材料上比喻成三种动物。第一种人好比蜘蛛，他的研究材料不是从外面找来的，而是由肚里吐出来的，这种人叫蜘蛛式的学问家；第二种人好比蚂蚁，堆积材料，但不会使用，这种人叫蚂蚁式的学问家；第三种人好比蜜蜂，采百花之精华，精心酿造，这种人叫蜜蜂式的学问家。教授先生，按培根的这种比喻，您觉得您属于那种学问家呢?”

这一番问话，使对方谈兴浓厚，最终两人成了非常要好的朋友。

5. 巧借“东风”法

三国时，诸葛亮能在赤壁一战中，一把火烧掉曹操几十万的大军，借的就是东风。如果电话销售人员能够敏锐发现身边的“东风”，并将之借用，往往能起到“四两拨千斤”的效果。

王虹是国内一家大型旅行公司G的电话销售人员，她的工作是向客户推荐一张旅行服务卡，如果客户使用该卡去住酒店、乘坐飞机，可获得折扣优惠。这张卡是免费的，她的任务是让客户充分认识到这张卡能给对方带来很多好处，然后去使用它，这样就可以产生业绩。刚好她手里有一份从成都机场拿来的客户资料，看一下她是怎样切入话题的。

电话销售人员：您好，请问是李经理吗？

客户：是的，什么事？

电话销售人员：您好，李经理，这里是××航空公司客户服务部，我叫王虹，今天给您打电话最主要是感谢您对我们公司一直以来的支持，谢谢您！

客户：这没什么！

电话销售人员：为答谢老顾客对我们公司一直以来的支持，公司特赠送一份礼品表示感谢，这礼品是一张优惠卡，它可以使您在以后的旅行中不管是住酒店还是坐飞机都有机会享受优惠折扣，这张卡是我们和G公司共同推出的，由G公司统一发行，在此，请问李经理您的详细地址是……我们会尽快给您邮寄过来的。

客户：四川省成都市……

6. 老客户回访

老客户就像老朋友，一说出口就会产生一种很亲切的感觉，对方基本上不会拒绝。

电话销售人员：王总，您好，我是G旅行公司的小舒，您曾经在半年前使用过我们的会员卡预订酒店，今天是特意打电话过来感谢您对我们工作的一贯支持。另外，有件事情想麻烦一下王总，根据我们系统显示，您最近三个月都没有使用它，我想请问一下，是卡丢失了，还是我们的服务有哪些方面做得不到位？

王总：上一次不小心丢了。

从事销售的人都知道，开发一个新客户花的时间要比维护一个老客户的时间多3倍。据权威调查机构调查的结果显示，在正常情况下，顾客的流失率将会在30%左右。为了减少顾客的流失率，我们要时常采取客户回访的方式与客户建立关系，从而激起客户重复购买的欲望。

活动二：设计电话营销脚本

做好了开场的各种准备后，培训师让小刘进一步熟悉前期发放的公司第一款产品“汽车损失险”，针对这款产品进行了产品知识详细介绍，然后请大家与小刘一起完成以下任务。

训练1：针对这一款产品设计一段电话营销对话脚本。

训练2：根据以上设计的话术脚本，分组进行模拟训练，并相互点评，完成下表。

电话营销人员：

客户：

电话营销人员：

客户：

电话营销人员：

客户：

……

开场白角色扮演互评表

评价内容	细化	分值	评分
脚本内容	生动	10	
	实用	10	
	创意	10	
	要素完整	10	
现场表现	自信	10	
	积极	10	
	声音	10	
	自然	10	
	处理突发事件的能力	10	
其他		10	
总体评价		100	

知识链接

（一）电话营销脚本写作的几点注意事项

首先，回顾一下电话营销的基本流程（如下图）。

准备 ⟹ 开场 ⟹ 探询 ⟹ 方案 ⟹ 结束 ⟹ 跟进

在电话营销脚本设计过程中，应该始终遵循着电话营销的基本流程来开展。为了避免在脚本设计过程中忘了自己写到了哪个销售环节，最好在一开始，将这六个步骤作为标题写在你的脚本中，然后再在相对应的环节下开展脚本。按照电话营销流程来框架营销脚本只是为脚本搭建了一个基本的骨架，要使它生动起来，就必须放入实在的血和肉。丰富脚本时要注意以下事项：

1. 要从客户的角度出发

这是对电话营销人员最基本的要求。在脚本设计过程中，只有从客户的角度出发，才能够设计出让客户真正认同的话术。

2. 多用正面表达

无论谁都喜欢得到肯定。因此，在脚本中应该尽可能避免使用否定的语言，如“不”、“没有”。要让客户感觉到自己是被肯定、被认同的。

3. 用 FAB 的技巧引导顾客

FAB 即“特点 + 优势 + 利益”。在介绍产品的过程中，与其死板地说一些产品的特性和专业名词，还不如从产品能给用户带来什么好处出发，用形象的比喻来帮助用户想象产品会给他带来的利益。

4. 使用更具说服力的词语

当今社会，人们对数字非常敏感，因此，在电话销售话术中，巧妙地添加一些数字或者与数字有关的词，能够让用户印象深刻且使你的推荐更有说服力，如“本产品在同类排名中连续三年赢得第一”。

5. 使用“先讲明原因”的技巧

在沟通中，我们都喜欢问为什么。当用户接到一个电话时，他的第一反应是你是谁？为什么要打电话给我？因此，一开始就主动表明身份，并告诉他我是为何而来，就能有效地打消对方的顾虑。这样也能避免时间上的浪费，提高电话的沟通效率。

6. 营销目的分析

除了设定脚本框架，脚本设计的第一件事就是对营销任务书进行分析。分析关键就在于确定营销目的：这次营销活动我们所要销售的产品是什么？该产品所对应的用户群是哪些人？这些目标用户有什么共同点？这个产品在哪些方面最能吸引这些用户？我们所能开展营销活动的时间周期多长？客户（企业）对于这次电话营销活动要求达到的成单率是多少？签单率是多少？通过分析营销任务书，明确要将多少件产品销售给特定的目标用户。

（二）脚本设计与执行八步法

通常，营销脚本的执行可以参照以下八步法：

理解项目 ⟹	通过与项目经理充分沟通，理解呼出的目的，衡量成功的指标
预设模型 ⟹	明确内部问题，并转化为外部问题，确定问题的权重和个数、问卷长度等，并编写出整个脚本的结构化呼叫流程
试编写脚本 ⟹	按照预设模型编写问题和脚本初稿
检测脚本 ⟹	通过朗读等方式自我检测
内部调适脚本 ⟹	通过内部角色扮演、小组讨论、组织focus group等方式来调适脚本
外部测试脚本 ⟹	通过50~150次的呼叫来真实测试
定稿 ⟹	结合多次的内部和外部测试来确定最终脚本
推广使用 ⟹	推广和使用最终脚本

（三）电话营销脚本的培训

设计好电话营销脚本后，就需要给参与这个销售项目的组员进行脚本分析的培训，帮助他们掌握这个脚本。为了确保质量，脚本设计完后可以先进行测试，然后再完善，最后开展大规模的培训。在培训过程中，必须使用较多的时间进行脚本的演练。只有充分熟悉脚本，才能在实际工作中运用自如。

最后要说明的是电话营销脚本在很大程度上是为了帮助电话营销人员尽快地进入角色，但是不能只拿这个脚本作为QA（质量检验）的考核标准，不能只因为电话营销人员在电话销售过程中少说了什么或者某个流程没有清楚的实施，就扣他的分。电话营销是以结果为导向，因此，营销脚本更多的是具有指导性的作用，应该学会灵活应用，最后达到脱稿的境界。

三、拓展训练

以下是“南方网通公司”的几段经典电话开场白脚本，请大家仔细学习、揣摩，然后分组进行角色扮演。

公司简介：南方网通公司创建于2006年，是国内领先的企业网络营销系统服务提供商，在规模化运作、规范化经营的发展中，南方网通公司秉承“不断创新，追求卓越”的企业理念，全面优化运作流程，不断自主研发项目，为员工提供充分施展才华的舞台，为客户创造最大的经济效益。如今，南方网通公司已经发展成为一家集产品研发、销售、服务于一体的现代互联网企业。在2010年年底隆重推出G3shop和闯客8090，旨在为更多创业者提供发展的机会，为社会贡献一分力量！以下是该公司的经典电话营销开场白：

想约到客户？我们就要做到：大气、激情、自信。对我们的产品要有百分百的信心，要给客户一种我一定能（要）帮助到你的自信，最重要的是不要怕拒绝。要全力以赴，要相信自己，不时提醒自己一定能约到客户。

（1）王先生，您好，我是南方网通公司的×××，您现在在公司吧？是这样的，我们这里有个针对公司网站在搜索引擎上做到快速排名的工具，它能够帮助公司信息快速在百度、谷歌、雅虎平台实现成千上万个广告位展示，并且可以给您主网站带来外部链接。这么好的工具，如果您真的有计划做互联网，我准备下午过去给您介绍一下这个产品，帮您策划下网络营销，您看怎样？

（2）徐老板，您好，我是南方网通公司的×先生，我们现在推出了新的SEM信息发布系统，可以很快让客户在网上看到您的信息，并且还可以让您的广告在一个页面展示好几个广告位。您看您下午2点还是3点有时间，我去您公司谈下合作的事情。相信我们这系统百分之百好用。

（3）×大哥，早上好！我是南方网通公司的×小姐，今天上班吗？我们这边是帮助咱们公司在互联网上做生意的，让您的客户不论在哪个平台都能找到咱们公司。你看你今天下午两点还是三点有时间，我亲自过去拜访你或者你可以来我们公司参观一下，让你详细了解下。如果你觉得对咱们公司有帮助的话，你再作决定；如果你不满意的话，那就等于交个朋友认识认识咯！离你们公司最近的公交站台叫什么名字呀？那好的，你记住我是南方网通的×小姐，下午不见不散！

（4）大哥，早上好，周末愉快。我是南方网通公司×××，你今天休息还是上班？是这样，上次有跟你联系和你谈网络推广合作的事情，你一直都没有空，今天是周末，我知道大哥一般星期一到星期五都很忙，你看择日不如撞日，我现在就去你那里，你看怎样？

（5）早上好，×总，我是南方网通公司的×××，专业帮助企业注册中文域名互联网商标的。不知道您这边注册没有，您公司未来想打造哪个网上品牌，要不我帮您查下看还有没有。如果有的话，帮您注册怎么样？

（6）王总（老板，大哥），您好！我是南方网通公司的×××。您在公司还是在外面？我在网上查了一下您公司信息，您的信息相对您同行的信息比较少哦，您同行×××公司一直排在那里，您知道他们生意多好吗？天天从网上接很多单的。我这里有一套G3辅助营销系统可以帮您解决这个问题，使您也像您同行×××公司一样从网络上接单！我下午2点还是3点去您公司谈一下，怎么样？

（7）节日快乐，大哥。我是南方网通公司的小×啊。听大哥的声音好像有什么高兴的事情，能跟小妹分享一下吗？大哥，上次你跟我说你想做那种主动发布信息的推广。今天大哥心情这么好，我下午过去跟你谈一下，一定能帮得到大哥，到时我请大哥吃饭怎么样？我下午就去你公司了？

（8）大哥，我是南方网通公司的×××。现在快过年了，生意应该很好吧！呵呵，是这样的，我这边是制作贺岁宣传片的，新年快到了，帮你公司制作一个贺岁宣传片放到公司的官方网站上边，为你吸引新客户、维护老客户嘛。这可能比你过年的时候给客户送礼会更有用。到时候你公司全体员工站成一排，齐声说×××，某公司恭祝新老客户新年快乐，心想事成！到时候也把你拍上去呀！

小故事

柴田和子的“奔驰话术”

柴田和子从1978年登上了保险销售“日本第一”的宝座后，连续16年蝉联日本保险销售冠军，最后一举夺下了“世界第一”的桂冠，从而荣登《吉尼斯世界纪录》，她的年度销售业绩是她所在公司800多名同事的年度销售总和。她之所以能取得如此骄人的业绩，主要原因是她能拿下很多高额保单。她是怎样说服客户投保高额保单的呢？

因为她创造了独一无二的“奔驰话术”。

有一次，她去拜访一个企业主管，寒暄后，她问道：“请问您现在有车吗？”

“有。”

“请问是哪种车呢？”

“我还在开轻型车呢。”

“有车就是件很了不起的事啦，不过我还是祝愿您能早日开上大车。”

这样一问一答后，柴田和子逐渐将话题引入保险：“买人寿保险也一定得买‘奔驰级’的，要保就保最高级的，这样既是身份的体现，同时也是最保险的。”

“什么是‘奔驰级’的保险？”

“‘奔驰级’的保险金额是1亿日元，您现在买的是1 000万日元的保险保障，相当于雪德利克（日产豪华车）级”。

柴田和子瞄了一眼那位主管，看得出他有些心动，因为对方能够承担1亿日元的保险费用，于是接着说："雪德利克级当然也很好，但不能算是最好的，要保就保最高级的，这样即使有了什么意外，有了'奔驰级'的保险，您的家人也是完全可以放心的。"

最后，那位主管改变了主意，改投1亿日元的"奔驰级"保险。

请同学们结合实践谈谈此故事对你编写电话营销脚本的启发。

思考分析题

1. 开场准备的关键因素有哪些？
2. 如何设计电话营销脚本？
3. 请画出营销脚本的流程图。

任务二　电话营销售中实战

一、任务描述

编写并熟悉电话营销脚本后，公司准备让新员工开始正式上岗。

无论哪种电话营销的模式无非是接听电话和呼出电话两类，即：客户主动地打电话进来，主动地打电话给客户。即可分为 Inbound 呼入式和 Outbound 呼出式两类：

1. 呼出式（Outbound）

主要是指由企业提供数据库名单，由销售人员运用电话以及专业的销售话术，对目标客户进行外拨式销售，通过需求咨询、介绍产品、处理客户疑问，从而达成销售的应用模式。呼出模式的相对难度比呼入模式高，对人员、管理等要求都更为严格。该模式的优点是主动性高，效果相对容易控制。但如果管理层不懂得经营的精髓，同样很容易失败，风险和挑战性更大。

2. 呼入式（Inbound）

主要是指被动接受客户来电，通过接听来电解答客户咨询和问题，介绍产品功能与特点，从而达成销售或进行客户服务的应用模式。因为经常应用在"客户服务"和接受订购热线等方面，所以该模式需要有效且有针对性的大规模媒介投放作为支持，一切以吸引最大化的目标客户前来主动咨询为目标。优点是品牌效应传播速度快，接触与覆盖面广，可以快速提升产品知名度，缺点是媒介投入费用高，企业营销比较被动。

不论是哪种类型的电话，其销售流程都可概括如下图所示：

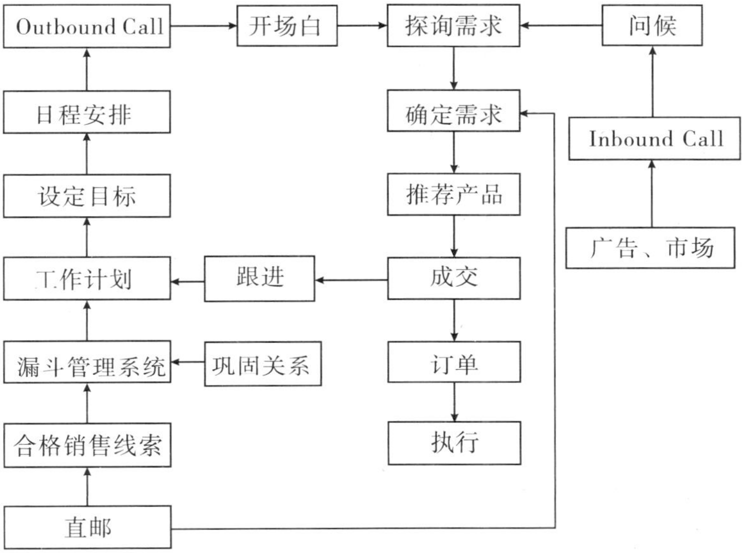

在这个任务中，主要通过电话推销前面提到的那款保险产品，学习电话营销系统操作、如何打呼出电话、如何接听电话。

二、任务实施

活动一：呼出电话（Outbound Call）

培训师给每个座席代表发放了不同的客户名录及操作系统使用手册，要求针对“汽车损失险”这款产品，先打拨出式电话，并完成以下任务：

训练1：熟悉操作系统，写出操作系统工作流程。

训练2：熟悉“汽车损失险”这款产品，并撰写介绍文章（300字左右）。

训练3：设计产品推荐脚本。

训练4：两人一组，一人扮演座席，一个扮演客户模拟对打，以电话营销人员主动拨出电话为主。

座席：______

客户______

训练5：听录音、分析点评。

______

______

训练6：真实上机打电话。

过程记录如下：

______

______

知识链接

（一）呼出电话的一般顺序及注意事项

顺　序	基本用语	注意事项
1. 准备阶段		1. 详细准备相关资料、文件，纸和笔 2. 设计通话时间不要过长 3. 确认顾客姓名、电话号码、职位等一切有关的信息资料 4. 注意做好记录
2. 问候对方并告知自己姓名	“您好！我是××公司××部的××。”	1. 一定要先报出自己公司名称，然后再报自己姓名 2. 讲话真诚，友好，热情，有礼貌 3. 拨打电话不要用“喂”这个词
3. 确认对方	“麻烦您帮我找一下××先生，好吗？”“××经理吗？您好！”	1. 确认接电话的对方是否是自己要找的人 2. 与对方接通电话后，再次热情地问候，“您好”最好重复两次以上，以建立亲和力
4. 询问对方此时通话是否方便	“××经理，请问您现在说话方便吗？”“××先生，请问您旁边有座机吗？我打旁边的座机吧！”	1. 尊重顾客的时间安排 2. 如拨打对方手机最好询问旁边是否有座机，并提议用座机联系

（续上表）

顺　序	基本用语	注意事项
5. 通话内容	“听起来您现在非常忙，那么我是上午十点打过去，还是下午五点打过去您比较方便接听呢？”	1. 如对方不方便接听，应锁定下次通话时间，并加以重复确认 2. 语言一定言简意赅，少说多问把自己要说的结果告诉对方 3. 注意选择用语，用简单的语句，避免使用省略语或者行话 4. 尽量使用与顾客相同步的语言
6. 结束语	“谢谢您抽出时间接听我的电话。”“那就拜托您了。”	语言诚恳、态度友善
7. 放回电话		确认对方放下电话，再轻轻放回电话，切忌放下电话后就责骂顾客

（二）呼出电话流程图

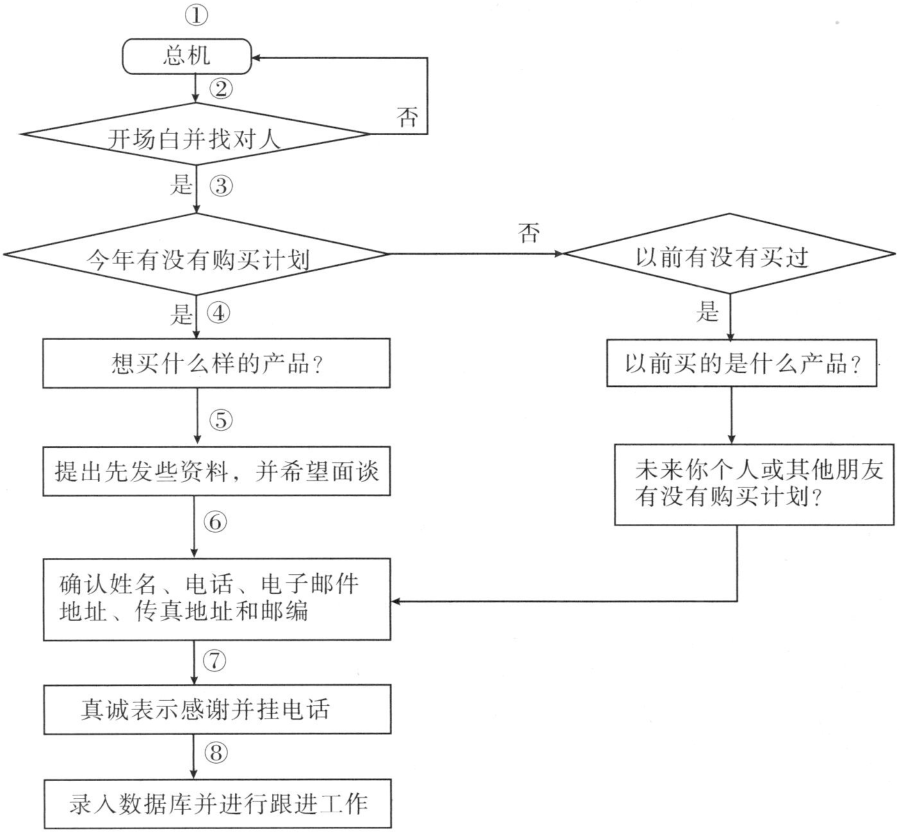

（三）电话营销中的声音和语言技巧

《吕氏春秋》云："故闻其声而知其风，察其风而知其志，观其志而知其德。"意思是说：听一个人说话的声音就能知道这个人的风度，观察这个人的风度就可以明白他的志趣，而清楚他的志趣后就能知晓他的德性与品行了。电话销售就是一种声音与语言的艺术，电话销售人员只能靠"听觉"去"看到"准客户的所有反应，并判断营销方向是否正确；同样地，准客户在电话中也无法看到电话销售人员的肢体语言、面部表情，准客户只能借着他所听到的声音及其所传递的信息来判断自己是否喜欢这个电话销售人员，是否可以信赖这个人，并决定是否继续这个通话过程。所以电话销售人员的声音非常重要。

考察电话销售人员的声音及语言感染力有12个方面。

1. 语速

不要太快或太慢，一般情况下，语速保持在120～140字/分钟比较合适。当然，如果能够根据客户的语速而调整自己的语速，效果会更好。

2. 清晰

电话销售人员发音要标准，吐字要清晰，能够让客户在电话中很容易听清楚自己说的话。因此，表达清晰对于一名电话销售人员来说是一项最基本的要求。

3. 语气

语气是电话销售人员内心态度的晴雨表，电话销售人员的语气要求是：平和中有激情，耐心中有爱心，杜绝产生不耐烦的语气。经常会遇到这类客户，给他讲第一次没有听清楚，讲第二次也没有听清楚，到讲第三次时还不清楚，电话销售人员解释一次语气可以，解释第二次也可以，解释第三次时就明显听出不耐烦的语气，且这时心里肯定这么想："你怎么这么笨呀，都跟你讲三遍了，你还不清楚。"这种语气一流露出来，结果就是把客户吓跑了。

4. 音调

音调不要怪腔怪调，要自然，一定要做到抑扬顿挫，音调要有高、中、低之分，富于变化，不要太机械化。有些电话销售人员总是用一种音调跟客户讲话，好像是录音机播放的一样，缺少变化，因而自己的语言也就缺少生气。相声演员姜昆曾说过一段相声，他是这样形容经典歌曲的："经典歌曲刚开始时就像平地行走，音调较平，然后开始爬坡，音调往上走，爬到最高处时，突然往下，音调骤降，到结尾时，翻几个跟斗，音调也跟着绕几个圈。"这样的歌曲唱出来后，那简直是"余音绕梁，三日不绝"。既然电话销售是一门声音的艺术，那电话销售人员就应该下点功夫好好修炼一下自己的说话音调。

5. 节奏

就是恰到好处的停顿，这样可以有时间来感知谈话进行的感觉，也让客户有机会参与到谈话中来。大多数电话销售人员都会犯一个毛病：只顾自己说，说完了就挂机。高明的电话销售人员可以做到根据客户的语言节奏来决定自己的节奏，从而使整个谈话非常投机、默契。停顿的频率一般是每说两句话就停顿一两秒钟。有一名叫彤彤的电话销售人员，口齿伶俐、能说会辩，大家公认她的口才好，可是业绩总是不理想，她自己也很苦恼，不知道问题出在哪里。后来，主管给她提了个建议，这个建议只有两个字“闭嘴”。虽然很难听，但对她的心灵冲击力很大。后来，每当她想滔滔不绝地发表“演讲”时，都会强行克制自己，因此也做出了一些业绩。

6. 音量

就是声音的大小。音量不宜过大，要适中，电话销售人员都在室内工作，如果音量过大，难免会影响周围同事，所以如果遇到客户说无法听清楚时，我们尽量另约时间联系。同时音量的高低能够反应一名电话销售人员的素养，音量过高容易给人一种缺少涵养的感觉，音量过低又会给人一种缺乏自信的印象。

7. 热情

成功学大师拿破仑·希尔花了 25 年的时间，分析和研究了全世界 500 名各行业顶尖成功人士的成功原因，最后归纳出 17 条成功定律，其中热情排在最前面，可见保持热情的重要性。热情一定是由内而外自然流露的，只有那些从心里热爱自己工作的人，心中才会有一团火焰，这团熊熊燃烧的火焰使充满热情的人魅力四射，从而具有非凡的影响力。历史在评价希特勒时，贬多褒少，可是我们从对工作投入的热情来看，希特勒不能说不是一个奇迹。他那近似神经质的疯狂演讲，煽动了几乎整个德国的年轻人为了实现他们的理想，就算是抛头颅、洒热血也在所不辞。同样作为电话销售人员如果没有一种发自内心的对自己工作的热爱，说话声音有气无力，即使学了一大堆的技巧和方法，也是没有用的。

8. 声音

人们常说“伸手不打笑脸人”、“相逢一笑泯恩仇”，可见微笑的威力有多大。上面两种情境是面对面才发生的，可是在电话里，对方看不到电话销售人员的笑脸，怎么办？这就是许多公司常常要求本公司的电话销售人员在给客户打电话时一定要笑出声来的原因，否则就像在黑暗中给绝世佳人暗送秋波一样，自作多情，徒劳无益。让客户听到电话销售人员的微笑，因为带有微笑的声音是非常甜美动听的，也是极具感染力的。在声音中放入笑容，并且笑出声来，这是一招很有效的电话销售技巧，因为人是追求美和快乐的动物，笑声则传达了一名电话销售人员的快乐，电话那端的客户当然愿意和一个快乐的人交谈。

9. 自信

一个人只有自己喜欢自己，别人才可能喜欢你；一个人只有自己对自己有信心，别人才会对你有信心。这样说，好像有点孤芳自赏、自欺欺人的嫌疑，然而这的确是一个不为大多数人所知的人性奥秘。之前班里有一个很自卑的女生，经常独来独往，不愿意与人接触，活得很压抑，辅导员和她谈了无数次话，效果也不理想。后来学校里一个攻读心理学的老师给了一个建议：要让那个女孩走出自卑的阴影，有一个办法，就是发动全班的男生给这个女生写情书，每个男生都要写，在信里不但要表达对这位女生的爱慕之情，最主要的是写清楚迷恋她的哪一点。这样就可以激发这位女生发现自身的优点，关注自身的优点，逐渐喜欢上自己，从而摆脱自卑，活出状态。后来不到两个月，这位女生简直是脱胎换骨、光芒万丈，让其他的女孩子非常羡慕。所以我们重申一下："如果你都不喜欢自己，没有人会喜欢你；如果你自己都不自信，没有人会对你有信心。"

10. 专业

俗话说："行家一出手，就知有没有。"一名电话销售人员对自己公司的产品是否熟悉，在通电话时语言表达是否专业、发音是否专业、处理问题是否专业等都将给客户留下深刻的印象。当代社会分工越来越细，通才会越来越少，而只有专才才会越来越吃香，也越来越有竞争力。曾经有个这样的故事，说的是新中国成立初期，某企业进口了一台值几百万的机器，可是没几天，机器便"罢工"了，企业老总召集了公司里所有的工程师对这台机器进行会诊，结果没有谁能解决机器故障。于是他们要求国外厂家派技术人员过来，可人家说很忙，最近两个月没时间，怎么办？无奈之下，只好登报悬赏诚征英才。后来来了个年轻人，在机器上这里瞧一瞧，那里敲一敲，最后在一个地方画了个圆圈，告诉他们的工程师将里面的一个螺丝拧紧就可以了。工程师照办，机器果然运转正常，于是只剩下收费问题。小伙子要价一万元，公司老总不理解，画一个圆圈就要一万元，这恐怕有点漫天要价吧。小伙子说："画一个圆圈只收一元，知道在哪里画圆圈收费 9 999 元。"这里所说的"知道在哪里画圆圈"就是专业。再回过头来说我们从事电话销售工作的人员，其实电话销售高手与一般的电话销售人员，90% 的工作都差不多，而最后在业绩上产生巨大差距的原因，往往是剩下的 10% 的工作不一样而造成的。

曾经有一个著名的外科医生说过的一句话非常耐人寻味，他说："通过我几十年外科医生的工作经验，我发觉我90%的工作，甚至是在医院里扫地的大妈都能胜任，而只有10%左右的工作才能真正体现我的价值。"体现一个外科医生价值的10%的工作以及体现一名电话销售人员优劣的10%的工作，这与众不同的10%的工作就是所谓的专业素质。

11. 简洁

林肯还没当总统之前，有一次被邀请到一个学术会议上发表讲话，可是在他前面安排了另外两个教授先讲，这两个教授的讲话空洞无物又特别冗长，用中国的一句歇后语来形容就是"王婆娘的裹脚带——又臭又长"，等他们讲完，台下的与会者已经被折磨得疲惫不堪。终于等到林肯上讲台，他望了一下台下，用力敲了敲桌子，然后提高嗓门，说了一句话："绅士的演讲，应该要像女士的超短裙一样——越短越好。我的演讲完了。"台下顿时爆发了雷鸣般的掌声。这一句话堪称古今中外演讲历史上的典范，任何时候都令人深思。简洁其实就是一种力量，特别在当今这个讲究效率和速度的年代，每个人都很忙，到大街上去看看，广州和深圳的行人走路的速度要比内地城市快很多。为什么？时间对于每个人来说都很紧迫，接听我们电话的人都希望在最短的时间里明白我们在表达什么；此外，对于电话销售的从业人员来说，如果其所在公司有规定每个电话销售人员每天要完成100个电话的话，那么这时的语言表达就必须简洁。做到这一点有一个小窍门，那就是每次打电话之前，将自己要表达的核心内容写一个提纲，在打电话时自己会胸有成竹，简单明了；否则，想起什么就说什么，就会让对方觉得你的思路不清，说话啰唆唠叨，拒绝就是很必然的了。

12. 情感

同样一句话，用不同的情感来表达，效果是不一样的。如同样一句"我想你"，在两种不同的情境下说出来效果就完全不一样：第一种情景，两人相恋，分居两地，漫漫长夜，思恋很苦，最后男方拨通女方电话，轻轻说一句"我想你"，想想会是一个怎样的意境；第二种情境，夫妻双方在外都有外遇，男方出差在外，正和情人相互依偎，这时女方也和自己的情郎在约会，却假惺惺地给男方打来电话，问一句："老公，你想我吗？"男的敷衍一句："我想你。"这又是多么恶心。

活动二：接听电话（Inbound Call）

接听电话难度大，还是打出电话难度大？不少人会说是打出电话难度大。很多人会觉得接听电话更容易些，而对于打出电话却有些心理上的恐惧。事实上，接听电话看上去简单，但对电话营销人员的要求也很高。你是否有过这样的经历：当你接到一个电话的时候，你在电话中有些语无伦次，不知讲什么好？很多人都遇到过这种情况。这时你该怎么办？教你一个小窍门，当下次你遇到这种情况时，可以这样说："陈经理，真的不好意思，我现在有电话打进来，可不可以过几分钟我再打电话给您？"然后，你利用这5分钟的时间好好思考，做些准备，然后再打电话回去。所以，电话销售人员接听电话的时候，专业水平如何，给客户留下的印象如何，能否抓住机会完成销售，其实有很多东西需要探讨。

本环节主要还是以"汽车损失险"这款产品为背景，以接听客户对该款产品的咨询电话，来完成相关知识的学习。

训练1：熟悉"汽车损失险"这款产品的功能、特点、保障、示例并撰写介绍文章（300字左右）。

____

____

____

训练2：设计产品推荐脚本。

____

____

____

训练3：设想客户会问的问题并设计应对方案。

____

____

训练4：两人一组，一人扮演座席，一人扮演客户模拟对打，以接听客户电话咨询为主。

座席：______________________________

客户：______________________________

训练5：听录音、分析点评。

____

____

训练6：真实上机接听电话。

过程记录：

____

____

训练7：下面是在电话推销“汽车损失险”这款产品过程中几种接听电话时常见的情景，请填写正确的礼貌用语并完成相关任务：

情景	不当用语	礼貌用语
向人问好	喂。	
自报家门	我是××公司的。	
问对方身份	你是谁？	
问别人姓名	你叫什么名字？	
问对方姓氏	你姓什么？	
要别人电话	你电话是多少？	
要找某人	给我找一下××。	
问找某人	你找谁啊？	
问有某事	你有什么事？	
叫别人等待	你等着。	
人不在	他不在。	
他不在	他现在不在这里。	
待会儿再打	你待会再打吧。	
结束谈话	你说完了吗？	
做不到	那样可不行。	
不会忘记	我忘不了的。	
没听清楚	什么？再说一遍！	

知识链接

（一）接听电话的一般顺序及注意事项

顺　序	基本用语	注意事项
1. 拿起电话听筒，并告知公司的名称及自己的姓名	“您好，××公司，我是××。” “您好，我是××公司××部门的××。” 电话铃响三声之后，“对不起，让您久等了，我是××公司××部门的××。”	1. 准备相关资料 2. 一定要有耐心 3. 铃响三声之内接听，三声之后应给对方道歉 4. 音量适中，比平时谈话时稍高
2. 确认对方	“××先生吗？您好！”“××经理，您好，非常感谢您的来电。”	1. 必须确认对方 2. 如果是要找的人要表达感谢之意
3. 问并听取来电缘由	“您好，请问您找哪一位？”“请问我有什么可以帮您的？”“是，好的，我知道，我明白”等回答	1. 详细询问顾客来电原因 2. 必要时做记录 3. 谈话时回应顾客，专注于电话
4. 进行确认	“今天上午十点三十分要他准时打电话给您是吗？”	1. 对重要的时间、地点、对象等要加以确认 2. 如需传言必须记录下准确的通话时间及对方姓名 3. 语速不宜过快
5. 结束语	“我非常清楚。”“请放心，我一定给您转达。”“再次谢谢您的来电。”	语言诚恳、态度友善
6. 放回电话		等对方放下电话后再轻轻放下听筒

（二）接听电话礼仪

1. 接听电话要遵循“响不过三”的原则

也就是说，应在电话铃响三声之内接起电话，不要故意延误，提起听筒以后，不要再和周围人说话，把话筒搁在一边。

2. 接电话时，要说声“您好”

一般人在接听来电时，习惯性地先从“喂喂”开始应答。但是在电话营销中接电话时，应口齿清晰地说“你好，我是×××公司的×××，请问你找谁?”切忌只是一味地询问对方：“你叫什么名字?”“你是哪个单位的?”“你找××?”好像查户口，这种做法是极不礼貌的。同时注意不要用“喂”这个词，显得很不专业。

3. 接到打错的电话时，要注意礼貌应对

在接到打错的电话时，最重要的是耐心和仔细。应该仔细听清对方要找什么单位和什么人。如果确实打错了，应该询问对方要打的是什么号码，然后把你的电话号码告诉对方。即使对方再三询问，也不要显得不耐烦，不能冲话筒嚷嚷：“干什么?你找错了。”然后把电话听筒一摔。要时刻想到你个人的言行代表公司整体形象。

4. 接听电话时要注意倾听和记录

接听电话时要注意倾听，不要随便打断。在倾听时，还应当及时作答。若是一直闷不作声或毫无反应，会令人觉得你根本没有用心听。通话的时候一定要注意做好电话记录。

5. 电话中途断线，应主动打过去

我们时常会遇到这样的情形：与对方交谈时，电话突然因操作失误而断线。要是事情没有谈完，应主动回拨。不能因事情大致已谈完，就对此听之任之。重新拨通之后，应先向对方致歉，“非常抱歉，刚才电话中途断线了”。应具备始终由自己主动重打的意识，除非对方使用公用电话，那就另当别论了。

6. 电话声音不清楚，怎么办

我们时常会因对方声音小而听不清楚，此时即使对方的声音确实很小，也要采用如“电话的状况不好，因此听不清楚”之类的说法，如“很抱歉，电话的声音听起来有点远”，或“很抱歉，能不能请你再说一遍”，这样显得更礼貌一些。

7. 结束时，应由对方先挂断电话

一般由发话人先结束谈话。对方话还没讲完，自己便挂断电话是很不文明的。如果电话来得不是时候，自己手里正有事忙着，而对方谈兴甚浓，一时还不想挂断电话，可以委婉地告诉对方：“真想和你多谈谈，可现在有件急事要处理，明天我打电话给你好吗?”

（三）接电话时常用的礼貌用语

（1）您好。

（2）这里是××公司。

（3）请问您是……

（4）能告诉我您的姓名吗?

（5）请问您贵姓？

（6）能留下您的联系方式吗？

（7）请问您找哪一位？

（8）请问您有什么事吗？

（9）请您稍等一会儿。

（10）不好意思，他在另一处办公，请您直接给他打电话，电话号码是……

（11）对不起，他现在不在这里，如果您有急事，我能否代为转告？

（12）请您过一会儿再来电话，好吗？

（13）您还有其他事吗？或您还有其他吩咐吗？

（14）很抱歉，没有照您希望的意思办（或者说不好意思，这个我们可能办不到）！

（15）请放心，我一定照办。

（16）对不起，这边太吵，请您再说一遍，好吗？

三、拓展训练

电话营销语音训练

相信我们每个人都希望听到甜美的声音，而电话沟通作为呼叫中心最基本的工作，只能通过声音来传达信息，因此，良好的声音是电话营销必备的条件。然而天生具有良好音质、音色的人很少，大部分人还需要后天的训练，下面请按照要求进行电话营销语音训练：

（一）优质语音服务的要求

优质语音服务的要求应包括以下几点：

- 咬字要清晰：发音标准，字正腔圆，没有乡音或杂音。
- 音量要恰当：说话音量既不能太大，也不能太小，以客户感知度为准。
- 音色要甜美：声音要富有磁性和吸引力，让人喜欢听。
- 语调要柔和：说话时语气语调要柔和，恰当把握轻重缓急、抑扬顿挫。
- 语速要适中：语速适中，应该让客户听清楚你在说什么。
- 用语要规范：准确使用服务规范用语，“请”、“谢谢”、“对不起”……不离嘴边。
- 感情要亲切：态度亲切，多从客户的角度考虑问题，让他感到你是真诚为他服务的。

● 心境要平和：无论客户的态度怎样，电话营销人员始终要控制好情绪，保持平和的心态。

这些要求看似简单，但要在日常工作中始终如一地做到，却并非易事，需要通过科学的训练不断提高语音发声的技巧。

（二）科学的发声训练方法

呼吸、共鸣和吐字归音是科学发声的三个基本要素。

1. 呼吸

呼吸是发声的基础。一般人根本不会注意，我们常用的是胸式呼吸，发出的声音比较轻飘、窄、细。语音训练中科学的呼吸方法应该是胸腹联合呼吸，这种方式吸气量大，增强了呼吸的稳健感，容易产生坚实、浑厚的嗓音，是多种音色变化的基础，适合于长期用嗓者。对话务员来讲，掌握此方法要特别强调坐姿坐态，人要坐正，略微挺胸收腹，同时全身肌肉要放松。

（1）吸气要领。

吸到肺底——两肋打开——挺胸收腹

（2）呼气要领。

稳劲——持久——及时补换

▲ 请按照要求完成以下练习：

练习一

闻花：远处飘来一股花香，香气四溢，是什么花的味儿呢？你似乎闻到了花的芳香，深深吸进，你会觉得肺的下部及腰部都充满了气息。

练习二

模拟吹灰尘：假如桌面上布满了灰尘，深深吸口气，然后把灰尘均匀地吹净。

练习三

慢吸慢呼的训练：一口气数完二十四个葫芦四十八块瓢，一个葫芦两块瓢、两个葫芦四块瓢、三个葫芦六块瓢……（注：慢吸慢呼，气吸八成，吐字清楚，不可求快）

练习四

慢吸快呼的训练：吃葡萄不吐葡萄皮儿，不吃葡萄倒吐葡萄皮儿（注：慢吸快呼，吐字清晰）

2. 共鸣

人的口腔、胸腔等发音器官就像一个音箱，搭配使用得当就能发出具有磁性的嗓音，共鸣训练强调对发音器官的控制练习，以达到理想的音质音色。

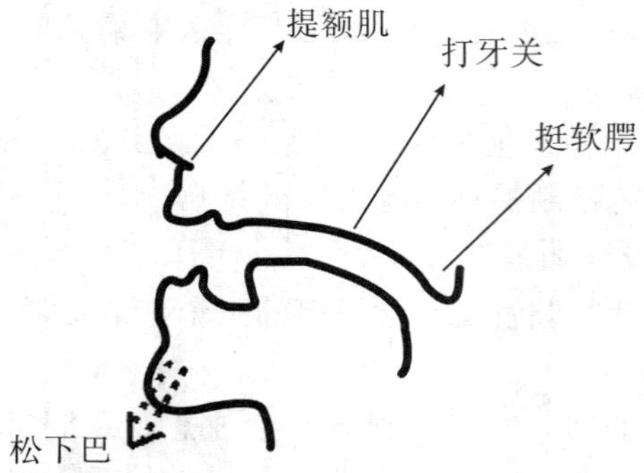

咬字器官的配合示意图

▲ 请按照要求完成以下练习：

练习一

胸腔共鸣练习：暗淡　反叛　散漫　计划　到达　发展

练习二

口腔共鸣练习：澎湃　碰壁　拍打　喷泉　批判　品牌

练习三

鼻腔共鸣练习：妈妈　买卖　弥漫　隐瞒　出门　戏迷

（注：仔细体会发音时胸腔、口腔、鼻腔共鸣的感觉）

3. 吐字归音

吐字归音强调的是对发音动作过程的控制，是一种经过加工艺术化的发音方法，目的是要做到吐字发音准确清晰。

（1）字的基本构成。

- 字头：字音发出的起始阶段，是显示字意、决定字音是否纯正清晰的基础部分。
- 字腹：字音延伸发展的高潮阶段，是字音的中心和主体，是整个字音发生过程持续时间最长、最响亮的部分。
- 字尾：字音消失的收尾阶段，是完成字音、直接影响字意正确表达的重要部分。

（2）基本要领。

- 咬狠：字头咬狠咬重。
- 吐圆：字腹均衡、丰满、圆润、宽广。
- 收准：字尾干净利落地收到准确的位置上。

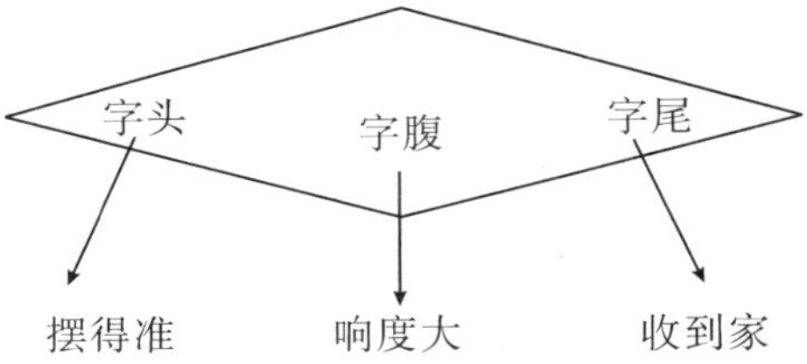

（3）吐字方法。

- 唇：（b，p，m，f）
- 舌尖：（d，t，l，n）
- 舌面：（zhi，chi，shi）
- 舌根：（g，k，h）
- 牙：（z，c，s）
- 擦音与送气音：（j，q，x）

▲　请按照要求练习以下绕口令：

练习一

八百标兵奔北坡 北坡炮兵并排跑

炮兵怕把标兵碰 标兵怕碰炮兵炮

练习二

老龙恼怒闹老农 老农恼怒闹老龙

龙怒农恼龙更怒 龙恼农怒龙怕农

练习三

长扁担，短扁担

长扁担比短扁担长半扁担

短扁担比长扁担短半扁担

长扁担绑在短板凳上

短扁担绑在长板凳上

长板凳不能绑比长扁担短半扁担的短扁担

短板凳也不能绑比短扁担长半扁担的长扁担

小故事

倾听的重要性

春秋战国时期，伯牙以善于弹琴而名闻天下。起初，被生活所逼，他不得不经常为那些达官贵人弹琴。然而，具有讽刺意味的是，那些穿着体面、看起来风度翩翩的上等人物根本就不理解他的琴声。他们之所以趋之若鹜来听他弹琴，只不过是凑凑热闹、附庸风雅而已。这种状况对伯牙而言，真是“对牛弹琴”。

伯牙备感寂寞，终于再也无法忍受下去，发誓不再出入豪门。于是他抱着心爱的琴隐居山林，每天与琴为伴，兴致来时弹上两曲，困的时候便枕琴而眠。后来伯牙在高山流水之间偶遇钟子期。钟子期在听伯牙弹琴时，时而引吭高歌，时而默默无语，时而热泪盈眶，时而呜呜悲泣，因为他真正听懂了伯牙琴声中“时而欢快，时而落寞，时而激越，时而奢华，时而凄凉”的情感。

一曲《高山流水》见证了他们之间深厚的友谊。

可见做一个好的听众并不容易，一方面要具备相应的倾听和理解能力，另一方面还要掌握相应的倾听技巧，两者缺一不可。

请同学们就该案例谈谈在电话营销中倾听的重要性。

思考分析题

1. 什么是呼入式电话？
2. 什么是呼出式电话？
3. 拨打电话的一般顺序和注意事项是什么？
4. 接听电话的一般顺序和注意事项是什么？
5. 接听电话的礼仪是什么？
6. 电话销售人员应注意哪些声音及语言技巧？

任务三　电话营销异议处理

一、任务描述

十年前，年轻男女谈恋爱不像现在这样大胆直率、直奔主题。那时候，谈恋爱非常含蓄，而且女孩子在表达爱情时更是令人迷雾重重。记得当时还流行这样的一句话：当女孩子对你说“我讨厌你”时，说明她对你有兴趣，你只需趁热打铁、快马加鞭，便可擒获芳心；而当女孩子对你说“你很可爱”时，非常抱歉，你一点机会都没有了，还是识趣一点儿，趁早开溜吧。

汉语可以称得上是世界上含义最丰富的语言，它表面听起来是一种意思，背后还可以隐含另外一种意思，谈恋爱如此，电话营销更是如此。

俗话说“嫌货才是买货人”，从事营销的人一定要学会识别客户挑剔、拒绝背后的真正意图。特别对于从事电话销售工作的人，因为受到客观条件的限制，只能凭自己听到的客户拒绝性的语言来判断合作成功的可能性。这对电话销售人员的辨别能力、理解能力、分析能力及解决实际问题的能力都是一个极大的挑战。在电话营销中遇到客户异议是非常普遍的问题，常见的异议如下图所示：

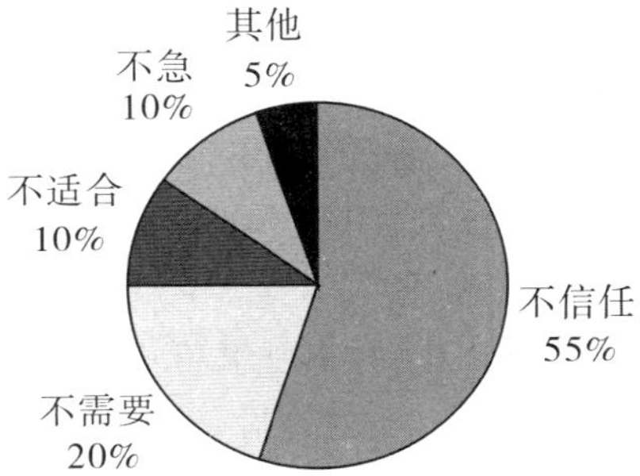

那么在电话推销保险产品过程中如何分析异议并处理异议呢？这就是本任务的重点。它包括以下内容：正确认识异议，异议产生的原因，异议的分类，异议的处理。请在完成任务二的基础上与小刘一起完成以下任务：

二、任务实施

活动一：异议分析

在上一个任务中，在电话营销“汽车损失险”这款产品时，小刘他们经常在电话中遇到客户对产品提出各种异议的情况。如何处理呢？我们先一起来对常见异议进行分析。

训练1：在电话营销“汽车损失险”这款产品过程中，遇到过哪些顾客异议？

____

____

训练2：在电话营销“汽车损失险”这款产品过程中，找出你所遇到的客户产生异议的原因。

____

____

____

训练3：对于电话营销异议你有哪些认识？

知识链接

（一）正确认识异议

异议即指客户的不同意见。很多电话营销人员只要一听到客户有异议就害怕，逃避并不是办法，如果销售人员理解异议的必然性，心境也许就会平和许多。销售的过程本就是一个“异议→同意→异议”的循环过程，那么应如何恰当地对待顾客的异议呢？首先要有正确的态度。正确的态度首先基于以下两点认识：

1. 客户异议是销售过程中的必然现象

客户有异议是非常正常的。每个人对事情都有自己的看法，况且因为需求问题，客户对于别人推销的东西也并不一定会全部购买，所以客户异议是销售过程中的必然现象。然而，异议也是同客户沟通、了解需求、建立联系的机会。

2. 客户异议也是销售代表成交的机会

客户提出异议，说明其认真听取了产品介绍。而且他对所介绍的产品有兴趣，所以才会根据自己的要求提出了异议。其背后的心理原理是：存在的希望得不到满足时，才会有失望。异议说明客户仍有合作的愿望，异议所指，兴趣所在。

此外，电话营销人员千万不能与客户争论彼此对或错，这样做的结果最终只能是从理论上赢了顾客，但在实际上却破坏了与客户间沟通的融洽，从而也相应地输掉了订单。因此，永远不要与客户争论谁对谁错，没有人会在生气的状态下还愿意掏钱买东西。

（二）异议产生的原因

客户的异议其实说明了他的兴趣、关注和顾虑，寻找其背后的原因将有利于销售人员知道解决问题的关键所在，从而制定相应的策略。通常的原因有如下三种：

1. 理性原因

通常客户会基于本身的经济状况、使用情况和对同类产品及技术的了解而表达对产品的不认可，如不合适、价格过高、技术落后等，但更多的时候客户会因为信息不充分或缺乏经验而产生错误的理解，这时候销售人员能否提出真实有说服力的解释就尤为重要。

2. 感性原因

很多异议都是出于情感和心理上的不满和恐惧，如客户会在采购过程中在乎别人（特别是上级和同事）的看法，同时也会考虑到是否影响在下属心目中自身专业素养和技术水平方面的威望。如果客户所在组织正处于动荡期或其本身地位不稳固，这时对于存在的一些意想不到的风险和麻烦会特别在意。通常，许多异议其实缺乏道理和合理的解释，完全是杞人忧天，仅仅出于当事人对某些事物消极的态度和错误的看法。

3. 战术性原因

客户会寻找不存在的缺陷或扩大小的不足来进行策略性的试探，增加自己手中的砝码，最常见就是寻求价格上的减让和在谈判中增加自己的优势。另外，在受到竞争对手的压力时，客户有时也会通过异议来暗示自己的不满。

（三）异议的分类

为了能够有针对性地处理客户的异议，对异议作分类是很有必要的。

（1）从内容上看，一般异议可以分为“疑虑”、“误解”、“缺点”。

类别	说明	举例
疑虑	客户表达怀疑，可以被视为客户的需要未被满足。作为销售人员，你必须检讨你介绍的产品相关特征和利益点的针对性以及运用方法的正确性是否具有说服力。	“你们的产品真的可以在网上订购吗?” “你们的产品真的可以免运费吗?”
误解	误解可以发生在销售的每一个阶段，当出现误解时，可能是由于客户对你的产品和公司的认识不充分或者不正确。客户有某一需要没有被满足，所以出现误解时，你应该检讨，一是你可能未能全面了解客户的需要，二是你的价格不够有针对性。	“买保险没什么用。” “保险都是骗人的。”

（续上表）

类别	说明	举例
缺点	指的是产品的缺点。如果客户在充分了解了你的产品后仍然对产品的某一特征不满意，即不能满足他的某一需求时，可能是客户在与你的竞争对手的产品比较之后得到的结论，这时你面对缺点要坦率不能草率。	“××公司的产品价格比你们少了30%。”

（2）从对象上来看客户异议一般包括个人和商品的异议。

客户异议大体上有两方面原因：一是客户本身；二是产品本身，其中与产品相关的服务划分在产品之中。而个人异议大致上又有个人需求和购买时间的划分，商品的异议包括商品的价格、性能和服务等各方面的异议。

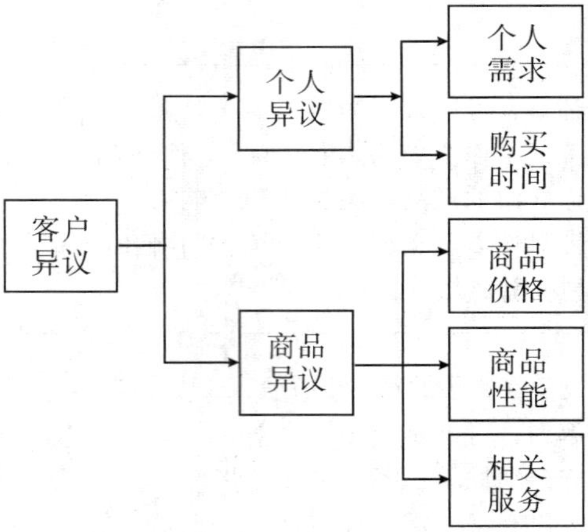

活动二：异议处理

异议是销售过程中的障碍，必须予以清除。那么，该如何处理异议呢？针对“汽车损失险”这款产品，在电话营销过程中根据以下不同的异议情景设计不同的应对方案，抽签之后进行模拟角色扮演：

训练1：客户说：“不需要，不感兴趣。”

电话营销员应对方案：

训练 2：客户说："你寄份资料过来吧或先发份传真过来吧。"
电话营销员应对方案：

训练 3：客户说："我现在很忙，没时间，以后再说吧。"
电话营销员应对方案：

训练 4：客户说："把电话留下，我们有需要的时候再跟你联系吧。"
电话营销员应对方案：

训练 5：客户说："我们现在还没有这个需求。"
电话营销员应对方案：

训练 6：客户说："我们已经买了。"
电话营销员应对方案：

训练 7：客户说："你们都是骗子。"
电话营销员应对方案：

训练 8：客户说："我现在资金比较紧张。"
电话营销员应对方案：

训练 9：客户说："你们的价格太高了。"
电话营销员应对方案：

训练 10：客户说："让我考虑考虑，我需要时间考虑。"

电话营销员应对方案：

训练 11：客户说："××公司的产品不错，我们打算买他们的了。"

电话营销员应对方案：

训练 12：客户说："你们已经打过很多次电话了，以后不要再打过来了。"

电话营销员应对方案：

训练 13：客户一言不发或以"嗯嗯"声代替。

电话营销员应对方案：

知识链接

（一）异议处理原则

（1）判断真假，把握本质，了解客户真实的想法。

（2）先处理好心情再处理事情。

（3）提前准备，学会运用 LSCPA 技巧。

（4）委婉但坚持原则。

（二）异议处理流程（LSCPA）

1. Listen——用心聆听

- 有礼貌
- 让客户觉得受到尊重
- 细心聆听客户的异议

2. Share——尊重理解

- 舒缓客户抗拒情绪
- 使客户感受到尊重，从而消除彼此的隔阂
- 尊重和体恤：我很理解您的想法……
- 把客户的异议一般化：其实很多人也是这样想的……

3. Clarify——澄清事实

- 锁定异议：除此之外还有没有别的原因……
- 利用 yes - but 的方法处理回答
- 为下一步提出方案打下基础

4. Present——提出方案

- 提出解决异议的方案
- 约定解决问题的方法和承诺

5. Ask——请求行动

- 请求技巧

二择一法

推定承诺法

激励法

行动法

……

- 请求行动

（三）异议处理的五个步骤

1. 第一步：试探客户

"您能告诉我不买的原因吗？"

2. 第二步：找出真正的原因

"除了这个原因以外还有没有别的原因呢？"

3. 第三步：拿下承诺（确认问题）

"假如我帮你解决这个问题，您买不买？"

4. 第四步：自我检讨、引起同情心

"大哥，做个工作不容易，您不买保险一定是我做得不够好。请您帮我指出缺点，以便我以后做得更好些。"

5. 第五步：最后一招

在对方完全没有防线的时候再问一句

"大哥，您为什么不买这个保险呢？"

（四）异议处理的五大误区

（1）有问必答。

（2）习惯背话术，试图说服客户。

（3）不敢主动做促成努力。

（4）弄不清真假，被客户牵制（轻信客户许诺）。

（5）返佣。

（五）常见电话营销异议应对技巧

1. 客户：我很忙、没时间

电话营销人员可以这样回答：

（1）恭维——您这么忙，企业效益一定很好，我过半小时再打给您好吗？

（2）找第二负责人——您很忙，这点小事就没必要麻烦您了，您安排个相关负责人我们先谈一下，再给您汇报好吗？

（3）顺水推舟——那您现在在忙什么呀？需要我帮忙吗？

（4）直截了当——我认为这事对您很重要啊，您抽个时间，我们谈一下好吗？

（5）表达同理心——我理解，我也老是觉得时间不够用。不过只要 3 分钟，你就会相信，这是个对你绝对重要的议题……

2. 客户：没效果

电话营销人员可以这样回答：

（1）你用了多久呢？……时间太短了，所以没效果。

（2）你在什么时间做的？那个时段不合适。

（3）分析没效果原因——是因为没有按说明上的操作方法来操作。

3. 客户：你给我发传真吧

电话营销人员可以这样回答：

（1）要传真的资料太多了，还是我过来一趟当面讲讲吧，这样更清楚，花不了多少时间，还能演示给你看。

（2）资料是彩色的，发传真不清楚，现场演示更清楚。而且传真是平面的，电脑演示更直观。见面谈，对你的企业一定有帮助的，不一定要这次做啊，先咨询一下。

4. 客户：没计划，没预算

电话营销人员可以这样回答：

（1）以退为进——没关系，先了解一下，等下次考虑好了再买。

（2）以时间来压他——这么好的产品过一段时间就没有了，我们明年就要开始提价了。

5. 客户：有需要会和你联系的

电话营销人员可以这样说：

（1）您可能比较忙，不见得记得，到时我会打电话提醒你的。

（2）我明天正好要去拜访客户，在你那边，顺便也拜访一下你。

（3）下周我们有一个促销活动，到时我再通知你。

6. 客户：我要先跟我太太商量一下

电话营销员可以说：“好，先生，我理解。可不可以约夫人一起来谈谈？

约在这个周末，或者您喜欢的哪一天?”

7. 客户：我们已经买了

电话营销员可以介绍新的产品或者建议客户给亲朋好友买。

8. 客户：你们都是骗子

电话营销员应该先说抱歉，然后了解客户为什么这样说。

9. 客户：你们的价格太高了

电话营销员可以说明公司的产品质量好，性价比高，物有所值。

10. 客户：你们已经打过很多次电话了，以后不要再打过来了

电话营销员应该先说对不起，然后解释自己是第一次给他打电话。

11. 客户：我没兴趣

电话营销员可以说：“我非常理解，先生，要你对不了解的产品感兴趣实在是强人所难。正因为如此，我才想向你亲自报告或说明。”

12. 客户：我要先好好想想

电话营销员应该说：“先生，其实相关的重点我们不是已经讨论过了吗?容我直率地问一问您顾虑的是什么?”

13. 客户：一言不发或只发出“嗯、嗯、嗯”的声音

电话营销员应该多从正面引导客户作肯定回答，从而促成交易。

三、拓展训练

（一）训练标准

（1）熟悉异议处理的一般程序。

（2）处理要规范。

（3）态度自然自信。

（4）话术含金量要高。

（5）提问及倾听要适宜。

（6）合理处理各种情境。

（7）能有所创新尤佳。

（二）产品介绍

1. 产品名称

幸福人生意外伤害保险

2. 产品特色

- 保障全面：提供与意外相关的多种保障
- 灵活选择：多种组合，满足不同需要
- 时刻保障：全球全天 24 小时保障

- 缴费方便：自动转账缴费
- 投保年龄：18～65 岁

3. 产品描述

<table>
<tr><th colspan="3" rowspan="2">保险项目</th><th colspan="4">保险金额（单位：元）</th></tr>
<tr><th>计划一</th><th>计划二</th><th>计划三</th><th>计划四</th></tr>
<tr><td rowspan="7">幸福人生意外伤害保险</td><td rowspan="2">必选计划</td><td>身故及残疾意外伤害保险 A 款</td><td>300 000</td><td>250 000</td><td>150 000</td><td>150 000</td></tr>
<tr><td>附加机动车相关意外伤害保险 A 款</td><td>300 000</td><td>250 000</td><td>150 000</td><td>—</td></tr>
<tr><td rowspan="3">可选计划 A</td><td>附加意外住院定额给付医疗保险 A 款</td><td>30 元/天</td><td>30 元/天</td><td>30 元/天</td><td>30 元/天</td></tr>
<tr><td>附加重大烧烫伤医疗保险 A 款</td><td>20 000</td><td>20 000</td><td>20 000</td><td>20 000</td></tr>
<tr><td>附加意外骨折医疗保险 A 款</td><td>10 000</td><td>10 000</td><td>10 000</td><td>10 000</td></tr>
<tr><td rowspan="2">可选计划 B</td><td>附加身故每月住房补贴意外伤害保险 A 款</td><td>1 200</td><td>900</td><td>600</td><td>300</td></tr>
<tr><td>附加身故每月伙食补贴意外伤害保险 A 款</td><td>600</td><td>450</td><td>300</td><td>150</td></tr>
</table>

4. 产品示例

王先生购买了计划一，每天只需花费 2.88 元，即可获得以下保障利益：

（1）若因保险责任范围内的意外伤害导致身故或残疾的，最高赔偿金：300 000 元；

（2）若发生保险责任范围内的机动车相关意外伤害，导致身故或残疾的，最高赔偿金：300 000 元＋300 000 元＝600 000 元；

若王先生同时购买了附加计划 A，每天只需再花费 0.72 元，即可获得以下保障利益：

（1）若因意外伤害住院，住院津贴：30 元/天；

（2）若发生保险责任范围内的重大烧烫烧，最高赔偿金 20 000 元；

（3）若发生保险责任范围内的意外骨折，最高赔偿金 10 000 元；

若王先生同时选择了附加计划 B，每天只需再花费 0.47 元，即可再获得以下保障利益：

（1）若被保险人因保险责任范围内的意外而不幸身故，其受益人在其后

5 年内可获得住房补贴：1 200 元/月；

（2）若被保险人因保险责任范围内的意外而不幸身故，其受益人在其后 5 年内可获得伙食补贴：600 元/月；

（三）异议处理

如果你给以下客户推销这款保险，遇到不同的异议你将如何应对？请给出处理方案并设计电话营销脚本：

客户 1 情况：

阮先生，35 岁，大学教师，月工资 15 000 元，妻为一国企职工，月工资约 10 000 元/月，小孩 2 岁，家里请了保姆。

异议问题：

（1）我很健康，不需要。

（2）除了保险，谈什么都行。

（3）和家人商量一下。

（4）不吉利。

客户 2 情况：

李先生，28 岁，某企业部门主管，月薪 20 000 元，未婚，经常出国。

异议问题：

（1）我有钱，但不需要。

（2）我的钱都买股票了。

（3）对保险不感兴趣。

（4）我很忙，以后再说吧。

（5）我的朋友说保险不能买。

客户 3 情况：

王小姐，25 岁，化妆品推销员，业绩良好，每月收入 5 000 元左右，客户分布比较广泛并善于交际，经常出差。

异议问题：

（1）没结婚，不需要。

（2）忌讳谈保险。

（3）我还年轻，等年纪大了再说吧。

（4）保险都是骗人的。

客户 4 情况：

李女士，38 岁，从事财务工作，月收入 7 500 元，孩子读小学 6 年级，丈夫在某公司担任司机，月收入 6 000 元。

异议问题：

（1）单位已经有保险了。
（2）对保险没兴趣。
（3）把建议书留下吧。
（4）保险都是骗人的。
（5）你们公司条款经常变，将来对客户承诺是否也会变。

客户 5 情况：

李阿姨，41 岁，钟点工，每月收入 3 500 元左右。

异议问题：

（1）没必要，不感兴趣。
（2）付不起保费。
（3）有朋友在保险公司。
（4）理赔麻烦。

异议处理评价表

<table>
<tr><td>姓名</td><td></td><td>班级</td><td></td><td>成绩</td><td></td></tr>
<tr><td>评分者</td><td colspan="3"></td><td>时间</td><td></td></tr>
<tr><td>项目（分值）</td><td colspan="4">项目细分（分值）</td><td>小计</td></tr>
<tr><td rowspan="2">1. 事先准备（5分）</td><td>仪容，仪表（2分）</td><td colspan="2">坐姿（2分）</td><td>笔、纸的准备（1分）</td><td rowspan="2"></td></tr>
<tr><td></td><td colspan="2"></td><td></td></tr>
<tr><td rowspan="2">2. 语言优美，流畅（5分）</td><td colspan="2">开场白（2.5分）</td><td colspan="2">语句通顺，不结巴（2.5分）</td><td rowspan="2"></td></tr>
<tr><td colspan="2"></td><td colspan="2"></td></tr>
<tr><td rowspan="2">3. 产品知识熟悉（5分）</td><td colspan="2">产品参数（2.5分）</td><td colspan="2">产品知识（2.5分）</td><td rowspan="2"></td></tr>
<tr><td colspan="2"></td><td colspan="2"></td></tr>
<tr><td rowspan="2">4. 话术熟练（5分）</td><td colspan="4">能清晰地按照话术的流程走（5分）</td><td rowspan="2"></td></tr>
<tr><td colspan="4"></td></tr>
</table>

（续上表）

5. 与顾客有互动（10 分）	能激发顾客兴趣（5 分）	与顾客能交谈上，不冷场（5 分）	
6. 能运用到电话营销的技巧（10 分）	与人沟通能力（5 分）	礼貌用语（5 分）	
7. 规范结束语（10 分）	顾客姓名，地址，联系电话（5 分）	流程一致，不会前后矛盾（5 分）	
8. 合计（50 分）			

小故事

从客户的角度思考

有一个村长以善于说理劝架而备受欢迎。

有一次，村里的一对夫妻闹矛盾，闹得很凶，最后夫妻俩都跑到村长那里评理。

妻子一脸的委屈，一把鼻涕一把泪地诉说着丈夫如何如何不对，等妻子一说完，村长安慰说：“你说得很有道理。”

妻子开开心心地走了。

丈夫不服气，心想难道我就错了？他走到村长面前，将自己肚子里的苦水一股脑儿地往外倒，他刚一说完，村长立即说：“哦，你说得有道理”。

丈夫也开开心心地走了。

村长夫人一直都站在旁边，目睹了自己老公前前后后的表现，很不以为然，带着一点儿讥讽的口气对村长说：“两个人吵架，总有一个人先吵起来，而且总有一个具体的原因。这样总会有一个有理，另一个无理，你怎么可以对他们俩都说同样的话，而且都说他们有理呢？”

村长笑着回答：“你说得也有道理。”

村长夫人也开心地笑了。

请同学们就异议处理的技巧谈谈自己的看法。

思考分析题

1. 什么是电话异议？
2. 电话异议产生的原因有哪些？
3. 电话异议分成哪几类？
4. 电话异议处理流程？
5. 电话异议处理的五个步骤。
6. 电话异议处理的误区。
7. 电话异议处理的原则。

任务四　电话营销交易达成

一、任务描述

据统计，电话营销中的平均成交率约为10%，即10位客户中会有9位说“不”，成交的成功率比较小。作为电话营销人员，首先需要接受电话营销成交率较小这一事实，在此基础上，保持心态的平衡，才能够卓有成效地把握住仅剩的10%的成功机会。成交是销售代表的根本目的，电话沟通得再顺利，异议处理的技巧再熟练，如果不能达成交易，那么整个销售活动也就是失败的。因此说，要真正赢得客户达成交易，获取订单，需要有效的成交技巧和完美的结束处理。这就是本任务的两个重点。

二、任务实施

活动一：成交技巧训练

对于电话营销员来说，营销的最终目的是引导客户达成协议，所以一切活动都应该以此为中心，如何引导客户下订单呢？请与小刘一起完成以下任务：

训练1：在电话营销“安逸无忧第二代两全保险”这款产品时，你的客户出现过哪些购买信号？你及时发现并把握住机会了吗？

信号1：______________________________

____

信号2：______________________________

____

……

训练2：在电话营销“安逸无忧第二代两全保险”这款产品时，你应用了哪些电话营销成交技巧？

技巧1：______________________________

____

技巧2：______________________________

____

……

知识链接

（一）如何识别客户购买信号

一般来说成功的电话营销推介中有3～5处时机可以使销售代表达成交易，即使客户说“不”，只要把握好时机，也可以获得更多的信息以便将来成交。那么怎样才能增加成交的机会呢？

增加成交机会需要销售代表在推介的过程中努力地倾听，做到以下三条：捕捉和识别客户准备成交的信号；把握好成交的适当时机；运用一些有效的成交技巧，最后拍板成交。

购买信号是指客户通过语言、行动、表情表露出来的购买意图。客户常常不会直接说出其产生的购买欲望，而是通过不自觉地表露态度和潜在想法，情不自禁地发出一定的购买信号。

由于电话营销的特殊性，即在电话中无法看到客户的表情，该如何去识别客户呢？俗话说“说话听声，锣鼓听音”，在电话推介的过程中，因为看不到对方的脸，所以要特别注意倾听，从声音中设法捕捉客户的购买信号。如果识别不出客户的购买信号，就会白白丧失成交的机会。

举例：

销售代表小李通过电话向客户推介传真机，客户发出了购买的信号，而销售代表未能及时地识别客户的购买信号，没有及时地询问客户的购买意向。

小李：您好，我是小李，您个人需要一台传真机在家使用，是吗？

客户：是的。

小李：我为您介绍这款S－11型，它可以自动进纸，自动出纸，同时具有来电显示、呼叫转移的功能，除了简单的……

客户：噢！

客户：它可以进行无纸接收吗？

小李：是的，这一机型体积小，安装方便，非常适合家庭使用。

客户：听起来还不错，那价格是多少？

小李：1 588 元，我们的价格很合理。

客户：你们产品的售后服务怎样？

小李：我们的售后服务非常健全，产品在买回家后如果出现问题一月之内可以包换，一年内包修。同时，全国 22 个大中城市都有我们的售后服务处，您可以放心地购买。

客户：支付方式是怎样的？

小李：我们共有两种支付方式：你可以直接把款付到我们的账户上，也可以通过邮局汇款。这两种方式您可以任意选择。

客户：（沉默）

小李：我们的产品，不论从质量还是从价格上来说，目前在市场上都极有优势。

客户：是吗？

……

- 购买信号一：询问产品的细节

客户询问该传真机能否进行无纸接收的细节，实际上他已经发送出购买的信号。如果不想购买，客户不会浪费时间询问产品的细节。

- 购买信号二：询问价格

客户询问该传真机的价格，实际上他已经再次发出了购买信号。如果不想购买，一般情况下，客户是不会浪费时间询问产品价格的。

- 购买信号三：询问售后服务

客户询问该传真机的售后服务细节，实际上他已第三次发出购买的信号。客户只有真心要买产品时，才会关心产品的售后服务。

- 购买信号四：询问付款的细节

当客户询问产品相关方面的一些问题并积极地讨论时，说明他很可能有购买意向，这时电话营销代表一定要特别加以注意。而当客户询问交货期、售后服务等方面的问题时，有可能就是马上签订合同的最好时机。作为一名电话销售人员，一定要牢记这样一句话：客户提出的问题越多，成功的希望越大。

（二）电话营销的 18 种成交技巧

1. 不确定成交法

电话营销人员故意说出一些没有把握的情况，让客户去担心，并最终下定合作决心。

（1）“嗯，请稍等，让我查一查我们吕老师这个月的课程安排，可能他这个月的时间都安排满了，如果这样的话，我们就不得不安排到下个月了。”

（2）“每年的三、四、五月都是我们人才市场的旺季，我不知道昨天还剩下的两个摊位是不是已经被预订完了。您稍等，我打个电话确认一下，稍后我给您电话。”

（3）“您刚才提到的这款电脑，是目前最畅销的品种，几乎每三天我们就要进一批新货，我们仓库里可能没有存货了，我先打个电话查询一下。”

2. 典型故事成交法

在促成之前，先讲个故事，在故事结尾时，巧妙进行促成。日本保险业有一个叫柴田和子的家庭主妇，从 1978 年第一次登上日本保险业“冠军”后，连续 16 年蝉联“日本第一”。她之所以能取得如此好的业绩，与她会讲故事的本领分不开。针对父母在给孩子买保险时总是犹豫不决的情况，她总会讲一个“输血”的故事：

有一个爸爸，一次驾车到海边去度假，回家的时候，不幸发生了车祸。当这个爸爸被送往医院进行急救时，医院却一时找不到相同型号的血液，这时，他的儿子勇敢地站出来，将自己的血液输给了爸爸。

过了大约一个小时，爸爸醒了，儿子却心事重重。旁边的人都问那个儿子为什么不开心，儿子却小声地说：“我什么时候会死。”原来，儿子在输血前以为一个人如果将血输出去，自己就会死掉，他在作决定前已经想好了用自己的生命来换取爸爸的生命。

“您看，做儿子的可以为了我们做父母的牺牲自己的生命，难道我们做父母的为了孩子的将来买一份保险，您都还要犹豫吗?”

3. 对比成交法

把两个不同时间、不同地点、不同前提条件下的合作方式同时列举出来，进行对比，最后选择一个对对方更加有利的条件进行促成。

（1）“××经理，我们这次公开课收费标准是这样的：在本月 15 号之前，有超过 5 人一起报名的可以享受 8 折优惠，即每人只需 1 600 元。15 号之后报名没有优惠，即每人 2 000 元。今天是 13 号，您现在就报名的话，还可以享受优惠。请问贵公司派几位过来，我马上就给您登记。”

（2）“这段时间正值五一劳动节，我们公司推出了一系列优惠活动，您刚才看中的这几件上衣，在平时都得要好几百元，您看现在只要不到 100 元，就可以买到了，您看要几件呢?”

4. 直接促成法

就是直接要求对方下订单、签协议。

话术如下：

（1）“王女士，我现在把报价单传真过去，您只需要在上面签字后，盖过章，传真给我就可以了。"

(2)"李女士，我们这里有一份合同的样板，我先发给您看看，如果没有什么问题，就签好字、盖好章给我，好吗?"

(3)"马经理，为了使您尽快能拿到货，我今天就帮您下订单可以吗?"

5. 假设成交法

这种促成技巧用得比较多，就是事先假设对方已经同意合作，然后直接询问合作后的相关细节问题。

(1)"吴先生，您希望我们的工程师什么时候为您上门安装?"

(2)"您觉得什么样的价格合理呢? 您出个价。"

(3)"请问您买几件?"

(4)"童女士，我们把这次公开课安排在下周五和周六两天，您那里可以派几个人过来呢?"

6. 二选一成交法

提供两种可以选择的答案给客户选择，但无论哪种选择结果都是同意合作。

(1)"何先生，关于预交话费的事，您是想先预交半年还是预交一年呢?"

(2)"马经理您好! 从培训师时间安排来看，培训时间最好安排在这个月的12~15日或下个月的1~3日，哪个时间段对您比较方便呢?"

(3)"您希望我们的业务员在明天上午还是明天下午把货送过去?"

7. 危机成交法

通过讲述一个与顾客密切相关的事情，并阐明事情的发生对客户及周围的人造成的不良影响，从而让客户产生危机感，并最终下定决心签单。

(1)"张经理，据最近报道显示，该小区上个月内一共发生了三起盗窃案! 为了避免给您的生活带来不必要的麻烦，建议您立即安装防盗门。"

(2)"王伯伯，最近常有一些无聊的人经常给别人家里打骚扰电话，我们电信公司已经采取了一些防范措施，不过为了避免给您的生活带来一些不必要的麻烦，我们建议您马上开通来电显示，您看如何?"

(3)"李经理，这段时间正是每年的招聘旺季，我们这边的摊位非常紧张，如果迟些作决定，恐怕会没有合适的位置了，我建议您现在就确定下来，我这边好给你安排一个接近入口的最佳位置。"

8. 以退为进成交法

在与客户谈判时，己方先作一小步退让，同时将合作的其他条件作一相应的调整，并立即进行促成。

(1)“如果我们将新产品按原来的价格卖给您，您是不是打算订20万元而不是10万元?”

(2)“如果贵公司连续做五期培训，价格方面我们可以给到九折。而如果只是做一期的话，价格就是我们所提供的报价，您看是做一期还是五期呢?”

(3)“交货期能够推迟一周的话，我们可以优惠300元/吨，您考虑一下，好吗?”

9. 替客户拿主意成交法

针对某些犹豫不决的客户，电话营销员应该立即找出客户对产品最关注的地方，然后自作主张为客户推荐一种能够满足其需求的产品。

(1)“林总，如果您是考虑到耐用性的话，我觉得这款产品对您是最适合不过的了。因为这款产品是采用航空材料制作而成的，既耐高温又耐腐蚀，您看今天下午我们就派人送到您府上，可以吗?”

(2)“陈经理，如果您要保证培训效果，我相信李老师是最适合的人选了，因为李老师有丰富的一线工作经验和带队经验。您说呢?”

(3)“李先生，根据您刚才提到的情况，我建议您先做一期培训，看看效果，如果您对这一次比较满意的话，再安排另外的培训也不迟，您说呢?”

10. 最后期限成交法

明确告诉客户某项活动的优惠期限还有多久，在优惠期内客户能够享受的利益是什么；同时提醒客户，优惠期结束后，客户如果购买同类产品的话将会受到怎样的损失。

(1)“桃子女士，这是我们这个活动在这个月的最后一天了，过了今天，价格就会上涨1/3，如果需要购买的话，必须马上作决定了。”

(2)“陆总，这个月是因为庆祝公司成立十周年，所以才可以享受这个优惠价格，下个月开始就会调到原来的价格，如果您现在购买就可以节约50元/盒，您需要购买多少呢?”

(3)“张先生，如果你们在15号之前报名的话可以享受八折优惠，今天是十四号，过了今明两天，就不再享有任何折扣了，您看我先帮您报名，可以吗?”

11. 手续简单成交法

直接告诉客户办理某项业务的程序非常简单，然后让客户尽快作决定。

(1)“罗总，办理这种卡非常方便，您只需要告诉我您的地址和邮编，我直接给您邮寄过去就可以。”

(2)“汪先生，办理这个来电显示业务非常简单，我们只需要在电话中确认一些资料，马上就帮您开通服务，您不必亲自到营业厅去办理，请问您的身份证号码是多少?”

（3）“报名程序很简单，您只需在我们的网站上下载报名表，填好相关内容好，直接发邮件给我们就可以了。”

12. 展望未来成交法

先假设客户已经签订相关协议，接着展望客户得到产品后的好处。

（1）“白云女士，如果这套房子现在就订下来，马上交定金的话，两周以后，就可以享受这里的美好风光了，您还犹豫什么呢？”

（2）“胡先生，现在就办理宽带接入业务，您明天就可以享受到快速网络冲浪的感觉，再也不用担心时常死机、文件丢失的情况了，您看今天下午我们就派工程师去为您安装，行吗？”

（3）“王总，如果您马上引进我们的课程的话，贵公司的电话营销人员在参加完培训后，其电话沟通水平会上升一个台阶，公司业绩也会稳步上升，您看我们现在就把这事确定下来，怎么样？”

13. 少量试用成交法

任何一个人在第一次接触一样新鲜东西时，都会有很多担心，此时可以建议对方先少量试用，使用后如果觉得效果不错的话，再进行第二次合作。

（1）“方经理，我们是第一次接触，彼此不是很了解，我有一个建议，您第一次可以少买一点，如果您在使用后觉得效果不错，再多买一点，您看如何呢？”

（2）“按照贵公司业务部门的规模，需要 5 期才能培训完，不过我建议您先做一期比较好，如果觉得我们的培训的确能够帮得上您，您再增加也不晚。您看呢？”

（3）“雷经理，我建议您先开通一个月试试，如果使用一个月后，您觉得很满意，我们再续约也不晚，您觉得呢？”

14. 坦诚成交法

从客户的切身利益出发，以一种特别坦诚的态度看待自己的产品，如果真的适合客户需求，就推荐给他；如果产品并不能满足客户需求，就放弃促成。

（1）“王总，您好！我们已经在电话里沟通好几次了，咱们之间也算有了初步认识。从这几次同您的沟通来看，我个人觉得您完全没有必要购买如此高端配置的电脑，因为很多功能在您的日常工作中用的机率很少。我建议您不妨买另外一款 K88 电脑试试，K88 从配置和性能来说都非常适合您，您看如何呢？”

（2）“关于价格方面，我们的产品的确比同类产品贵了一点，但我希望您能再花点时间多作一些比较，比较一下同类产品的质量和服务，我希望大家做生意是一种长期稳定的关系。如果我这次卖给您的价格高了，您就不可能再次照顾我的生意，我也不是傻瓜，有生意不做，对不对？我刚才给您报的价格的确是目前能给到您的最优惠价格，您就别再犹豫啦。”

15. 3F 成交法

3F 成交法，即感受（Feel）、觉得（Felt）、发觉（Found）。

先表示理解客户的感觉，然后再列举一些事例，说明其他人刚开始也是觉得如此，但在他们使用产品之后发觉非常值得。

（1）“苏大姐，我了解您的感受，我们的一些其他客户刚开始也觉得没有什么把握，但他们的员工在经过培训之后，发觉业绩居然提高了 1/3，您还有什么顾虑吗？”

（2）“桃姐，我能理解您的感受，刚开始目标公司的王总也觉得价格太高，后来他使用我们的服务之后发觉这套产品确实非常有效，简直物超所值。您不妨买一套先试试？”

（3）“李小姐，您这样说，我非常理解您的感受，我的很多客户刚开始时也觉得来我们这边招聘没什么把握。不过，在来过我们这里招聘一次之后，他们发觉我们这里无论是服务，还是场地都非常不错，您不妨这个星期来我们这里感受一下，如何？”

16. “最后一个问题”成交法

认真倾听客户在购买产品前的所有疑问，最后用一个问题结尾，并直接进行促成。

（1）“牛总，我想知道价格是不是您关心的最后一个问题，如果我们就价格达成一致的话，您是不是马上可以下订单？”

（2）“肖先生，效果是不是您关心的最后一个问题，如果我们谈妥的话，您会决定马上签约吗？”

（3）“英女士，交货期是不是您关心的最后一个问题，如果我们能够保证在约定的时间内完成订单，我们现在是不是就可以签订合同？”

17. 强化信心成交法

通过向对方列举相关证明，进而强化对方对产品的购买信心。相关证明可以是公司的实力、信誉，也可以是其他已经购买过该产品的消费者见证，还可以是某项产品已经获得的相关资质证书等。

（1）“李总，您好，关于我们公司在业内的口碑，我相信您应该也听说过，上个月我们公司因为财务的关系，将一款产品的出口报价报低了 5 美元/双，后来我们公司老总还是按原来报的价与外商合作。所以您尽可以放心，就算吃亏，我们公司也会遵守承诺，这是我们公司一贯坚持的文化。关于我们公司的信誉问题，您应该没什么好担心的，是吗？要不，我现在就把合同给您传真过去，您看后，如果没问题，咱们就将合作确定下来，您觉得如何？”

（2）“王经理，您真是一个很有眼光的人，您看中的这款产品，其技术含量目前在国内处于绝对领先地位，这款产品共有 12 项国家专利，并在 2005 年获得了 8 项荣誉证书。到目前为止，我们公司这款产品的销售基本上处于供不应求的状况。您打算订多少货呢？我们这边好根据您的订单安排生产。”

18. 绝地反击成交法

电话营销人员在电话中已经想尽各种办法，对方还是一口回绝，此时不妨使用这一招。

在最后放弃之前，要求对方提供帮助，获得机会后，再待机而动。

（1）“罗总，今天非常感谢您，从您这里我学习到了不少东西。最后我有一个小小的忙想请您帮一下可以吗？最近我公司为了提升对客户的服务品质，要求我们：如果同客户合作不成功，就说明我们的产品或技术或我本人一定是存在不好的地方。所以拜托您能不能指点一下，我在什么地方做得不够好？以便给个机会让我可以改进。”

（2）“刘经理，我知道我们的产品非常适合您，可我本人的能力有限，无法说服您，我认输了。不过，在挂断电话之前，我还有最后一个请求，希望您能帮我最后一个忙。请您指出我的不足，让我有一个改进的机会好吗？”

（三）达成协议时的必备条件：MAN

M，指 Money，也就是钱。例如，客户预算已经下来，客户做这个项目的费用已到位。

A，指 Authority，也就是决策权。这时，你要确认与你交谈的是决策者。

N，指 Needs，也就是客户要有需求，也明确知道对自己的好处，并且客户也认同这一点。

（四）电话营销达成协议常用语

（1）“为了使您尽快拿到货，我今天就帮您下订单，可以吗？”

（2）“您在报价单上签字、盖章后，传真给我就可以了。”

（3）“陈经理，您希望我们的工程师什么时候为您上门安装？”

（4）“陈经理，还有什么问题需要我再为您解释的呢？如果这样，您希望这批货什么时候到您公司呢？”

（5）“陈经理，假如您想进一步商谈的话，您希望我们在什么时候可以确定？”

（6）“当货到了您公司以后，您需要上门安装及培训吗？”

（7）“为了我们今天将这件事确定下来，您认为我还需要为您做什么事情？”

（8）“所有事情都已经解决，剩下来的，就是得到您的同意了。”

（9）“对贵公司来说，今天就是下订单的最佳时机，您看怎么样？”

一旦你在电话中与客户达成协议，你要进一步确认报价单、确认送货地址和确认送货时间是否准确无误，以免出现不必要的误会。

活动二：结束处理

好的结束语是一次高质量通话的关键要素之一，就像一场精彩的演出，如果没有完美的结尾那么效果也将大打折扣。所以电话营销结束处理是不可忽视的环节。请与小刘一起完成以下任务：

训练1：在电话营销的最后阶段要注意哪些事项？

训练2：在电话营销人员的耐心引导下，客户决定购买“安逸无忧第二代两全保险”，请设计一段结束语和感谢词，并进行角色扮演。

训练3：如果经过最后努力也没有成交，你应该怎么做？

知识链接

（一）电话营销结束处理的几点注意事项

在挂断电话之前还有几件事不要忘记，那就是核四要素和表达感谢。

1. *核四要素*

在这一阶段客户已经决定下订单了，此时要对客户做最后的确认，也就是要核四要素，包括再次确认客户的地址、至少两个联系电话、客户姓名等以确保准确无误。

2. *感谢客户*

最后，在你结束电话前，千万不要忘了向你的客户表达真诚的感谢。例如，“感谢您致电××公司（××客服中心），再见”！同时再一次报出企业的名称，不断加深客户对企业品牌形象的认知与印象，尤其是当客户刚刚经历了一次愉悦的服务体验，更会加深企业品牌的服务内涵。

3. *一定要让对方先挂断电话*

这是电话营销的基本礼仪，同时也让客户觉得电话营销人员很有耐心，并没有着急要挂断电话的意思。

（二）电话结束常用语

好的结束语是一次高质量通话的关键要素之一。事先记住一些惯用的表达词句对销售将大有帮助。

（1）还有什么我可以帮忙的吗?
（Is there anything else I can do for you?）

（2）我一定会转达您的话。
（Then I'll make sure he gets your message.）

（3）谢谢您的来电。
（Thank you for calling.）

（4）很高兴与你通话。
（Nice talking to you.）

（5）希望有机会还能见面。
（Hope to see you again soon.）

（6）谢谢，麻烦您了。
（Thank you for your time.）

（7）我会再打电话给您。
（Well，I'll call you again later.）

掌握了以上这些常用的结束语，你就可以从从容容地结束通话了。

（三）达成交易的障碍

达成交易对销售人员来说，是非常开心的时刻，你的努力在从一开始接触潜在客户时就开始了，你希望的不就是这一刻吗？然而在成交的过程中却有一些障碍需要扫除：

1. 害怕被拒绝

有的销售人员不能主动地向客户提出成交要求。这些销售人员害怕提出成交要求后，如果客户拒绝会破坏洽谈气氛，一些新销售人员甚至对提出成交要求感到不好意思。

据调查，有70%的销售人员未能适时地提出成交要求。许多销售人员失败的原因仅仅在于他们没有开口请求客户订货。美国施乐公司前董事长波德·麦克考芬说，销售人员失败的主要原因是不要订单。不提出成交要求，就像你瞄准了目标却没有扣动扳机一样。这是错误的。没有要求就没有成交。

客户的拒绝是正常的事。美国的研究表明，销售人员每达成一次交易，至少要受到客户6次拒绝。销售人员学会接受拒绝，才能最终与客户达成交易。

2. 等客户先开口

有的销售人员认为客户会主动提出成交要求，因此，他们等待客户先开口。

这是一种错觉。一位销售人员多次前往一家公司销售。一天该公司采购部经理拿出一份早已签好字的合同，销售人员愣住了，问客户为何在过了这么长时间以后才决定购买，客户的回答竟是："今天是你第一次要求我们订货。"这个故事说明，绝大多数客户都在等待销售人员首先提出成交要求。即使客户主动购买，如果销售人员不主动提出成交要求，买卖也难以成交。

3. 放弃继续努力

还有一些销售人员把客户的一次拒绝视为整个销售失败，放弃继续努力。

研究表明，一次成交失效，并不是整个成交工作的失败，销售人员可以通过反复的成交努力来促成最后的交易。

（四）未达成交易的注意事项

有的销售人员费了九牛二虎之力，没能与顾客达成交易，怎样与顾客告辞也是非常重要的。

1. 正确认识失败

一些销售人员面对失败，心中感到沮丧，并在表情、语言上有所流露，失魂落魄，言行无礼，声音一下子就失去了热情。没谈成生意，不等于今后不会再谈成生意。古人讲"买卖不成仁义在"，虽然没谈成生意，但沟通了与顾客的感情，留给顾客一个良好的印象，那也是一种成功——您为赢得下次生意的成功播下了种子。因此，销售人员要注意自己辞别顾客时的言行。

2. 友好地与顾客告辞

要继续保持和蔼的态度，不要翻脸，真诚地道歉，如"百忙中打扰您，谢谢"。销售人员仅仅因为顾客耐心听完自己的话也要致以谢意。

三、拓展训练

请认真阅读下面这个案例，然后回答相关问题：

电话买车险

小王当了十年的有车一族了，一直通过业务员购买车险，上星期朋友很不屑地对他说，买车险还找业务员纯属文盲。得！2012 都要来了，小王决定好好研究一下电话买车险的事情。

小王根据朋友的推荐，拨通了"天平保险公司"的客服电话，据说是 24 小时服务热线。小王是在晚上 11 点时打的电话，想看看有没有人值班。

结果电话响了两声就通了，小王懒得听自动语音的提示，直接按了人工服务 0 键，电话那头立刻提示："为保证服务质量，您的通话可能被录音。"随即，一个声音甜美的姑娘接了电话。

小王算了算时间，从拨打到接通总共不到20秒，一家保险公司的客服有这速度确实很给力了。一个月前，小王晚上10点找××电信办事，结果电话打了20多次还是没接到人工服务那儿去，这效率怎么能比啊？

值得一提的是，话务员的态度很好，声音很甜，而且普通话相当标准。小王的普通话是二甲，自认为相当不错了，那姑娘的起码是一乙。态度好、声音甜，长相应该也是很漂亮的吧？让人神往啊，而且服务挺周到的。

老实说，小王是一个喜欢挑毛病的人，但对“天平保险电话车险”，他暂时没挑出什么毛病。

电话接通后，小王说：“我想问一下有关购买车险的事宜。”

话务员第一句话就是：“谢谢您对天平保险的信任，请问您是怎么知道天平保险信息的呢？”

小王告诉她是朋友推荐的，她随后问小王朋友的车牌号和手机号码，小王有些迟疑地问：“为什么还要麻烦朋友啊？这个买保险也要熟人带路吗？”

话务员妹妹呵呵一笑说：“不需要熟人带路，不过他推荐了你，你们都能享受价格上的优惠，而且我可以为你们申请道路抢修；同时，我们还可以安排为你朋友服务的业务员来为你服务。”

小王听得一愣一愣地，心想：怪不得那小子骂我文盲啊，原来我来买车险，他有这么多好处。看来我得宰他一顿。

随后，小王询问了车险的价格，要办理的手续，如何付款等细节。话务员问了小王的驾驶情况，然后推荐说小王可以尝试买针对驾驶高手的“车碰车险”，大约能节省55%的保费，具体情况可以由业务员向小王介绍。小王真替这妹妹捏了一把汗，心想：让客户买便宜产品，老板不掐死你啊？

问清楚所有情况，小王告诉话务员暂时还不想买，要回头考虑一下。小王想，这下妹妹该摔电话了吧。没想到妹妹还是那副既客气又诚恳的态度：“如果您需要买保险，可以随时打我们的电话，也可以通过网络平台购买，那边都是天平总部的专家业务员接待您，比我更专业。谢谢您的来电！”

这一通电话让小王觉得舒服极了。第二天，小王就要来了朋友的车牌号码，按照前一天询问的情况再次拨打了电话，这次换了一个话务员，但声音一样很甜美。

按照她的提示，小王找到了给朋友办手续的业务员，很快就敲定了合同，根据他的介绍，小王选择了综合险。虽然业务员认为小王的水平买“车碰车险”是足够的，但小王宁可多点保障，也不想省这点儿钱。何况，天平的综合险是自带涉水、自燃和动物侵扰险的，比以前的ABC套餐实惠得多。

敲定好细节后，业务员告诉小王，因为电话买保险是直接与公司接洽的，所以费用帮小王降低了15%；另外小王受朋友推荐来的，保费价格会给小王进一步优惠，同时帮小王申请了一些其他待遇，会在保单中注明。他会在两个工作日内把保单送到小王指定的地方。最后，业务员要小王留下手机号、一个固定电话号码、详细通讯地址及再次确认了小王的全名，并表达了真诚的感谢。

粗略计算了一下，通过电话买车险，算上15%的优惠和朋友推荐优惠，一共比往常节省了将近700块的费用，还多了涉水、自燃、动物侵扰等保障。

小王很高兴地告诉朋友说，电话买保险，真的很不错。

问题：

1. 以上案例中出现了哪些客户购买信号？
2. 应用了哪些成交技巧？
3. 在最后阶段电话营销人员做了哪些处理？
4. 同学们谈谈这笔业务为什么能成功？还有哪些不足之处？

小故事

“坦言失败”的成功

有位年轻人，因为家里经济条件不太好，儿时读到小学就不得不辍学了。然而，这位年轻人在文学方面却很有天赋，20多岁时，他在文坛上已经有了相当的名气。当时中国某大学的校长非常赏识这位年轻人，于是就邀请这位年轻人到该大学任中文讲师。

但名气代替不了胆量啊！这位年轻人第一次走上讲台的时候，往台下一看，黑压压一片。除了原班的学生之外，慕名而来听课的人也很多。面对台下座无虚席的学子，这位作家竟然紧张得一句话也说不出来。过了好一会儿，他慢慢平静下来，开始讲课。可原先准备好要讲授一个课时的内容，被他三下五除二在20分钟内就讲完了。

同学们自然纳闷：这离下课时间还早呢，剩下的时间该怎么办？

接下来，这位年轻人没有天南海北地信口开河来硬撑“面子”，而是拿起粉笔在黑板上工工整整地写道：“今天是我第一次上课，人很多，我害怕了。”

这句老实的“坦言失败”的话刚刚写完，立刻赢得同学们善意和谅解的掌声。

校长听到这个消息后，不仅没有批评这位年轻人，反而不无幽默地说：“他的第一次上课成功了！”

坦言失败的真诚，当然不是随机应变的智慧，但它有时具有比智慧更加诱人的魅力。一些凭借随机应变的智慧难以收场的局面，坦言失败的真诚也能赢得大家的尊敬。

结合电话营销中最后未能达成交易的情况，谈谈自己的感想。

思考分析题

1. 如何在电话中识别客户购买信号？
2. 电话营销有哪些成交技巧？
3. 什么是核四要素？

项目评估

项目二实施评价表

评价要素	评价内容	评价依据	评价标准	分值	得分
电话营销脚本设计（20%）	开场白准备	1. 能否分辨开场白的五要素 2. 开场的准备工作 3. 设计用于自我介绍的开场白	A. 能准确分辨开场白的五要素并做好开场相关准备工作；设计用于自我介绍的开场白符合要求，重点突出，语言精练	8~10	
			B. 能分辨开场白的五要素并较好地做好开场相关准备工作；设计的开场白基本符合要求，重点较突出，语言通顺	6~8	
			C. 不能准确分辨开场白的五要素并没有做好开场白相关准备工作；设计的开场白不符合要求，重点不突出，语言不通顺	0~6	
	设计电话营销脚本	1. 设计的电话营销脚本 2. 脚本角色扮演表现	A. 设计的脚本实用性强，语言流畅、合理，角色扮演表现积极，效果好	8~10	
			B. 设计的脚本实用性较强，语言较流畅、合理，角色扮演表现较积极，效果较好	6~8	
			C. 设计的脚本实用性不强，语言不流畅、不合理，角色扮演表现不积极，效果不好	0~6	

（续上表）

评价要素	评价内容	评价依据	评价标准	分值	得分
电话营销售中实战（30%）	呼出电话效果	1. 呼出电话的礼仪 2. 设计的产品推荐脚本 3. 对操作系统的掌握	A. 熟练使用操作系统，掌握了呼出电话的技巧，设计的推荐脚本合理、实用	10 ~ 15	
			B. 较熟练使用操作系统，基本掌握了呼出电话的技巧，设计的推荐脚本较合理、实用	6 ~ 10	
			C. 操作系统使用不熟练，没有掌握呼出电话的技巧，设计的推荐脚本不合理、不实用	0 ~ 6	
	接听电话效果	1. 接听电话时礼貌用语的使用 2. 是否了解接听电话的一般顺序和注意事项 3. 是否掌握接听电话礼仪 4. 电话销售人员的声音及语言感染力	A. 在接听电话时能使用正确的礼貌用语；了解接听电话的一般顺序和注意事项；掌握接听电话礼仪，销售中声音及语言具有感染力	10 ~ 15	
			B. 在接听电话时能使用礼貌用语；基本了解接听电话的一般顺序和注意事项；基本掌握接听电话礼仪，销售中声音及语言具有感染力	6 ~ 10	
			C. 在接听电话时不会使用正确的礼貌用语；不了解接听电话的一般顺序和注意事项；没有掌握接听电话礼仪，销售中声音及语言没有感染力	0 ~ 6	
电话营销异议处理（30%）	异议分析	1. 客户异议分类及应对方法运用 2. 客户异议原因分析客户异议解决方案 3. 异议处理流程设计	A. 能很好地对客户异议进行分类并快速应对，能分析客户异议原因并提出合理解决方案，会设计异议处理流程	10 ~ 15	
			B. 能较好地对客户异议进行分类并应对，能分析客户异议原因并提出合理解决方案，会设计异议处理流程	6 ~ 10	
			C. 无法独立完成以上任务	0 ~ 6	

（续上表）

评价要素	评价内容	评价依据	评价标准	分值	得分
电话营销异议处理（30%）	异议处理	1. 根据不同的异议情景设计的应对方案 2. 模拟角色扮演表现 3. 异议处理的技巧应用	A. 根据不同的异议情景设计的应对方案合理，模拟角色扮演表现出色，异议处理的技巧应用得当	10～15	
			B. 根据不同的异议情景设计的应对方案合理，模拟角色扮演表现良好，异议处理的技巧应用正确	6～10	
			C. 根据不同的异议情景设计的应对方案内容不完整、不实用，模拟角色扮演表现不良，异议处理的技巧应用不当	0～6	
交易达成（15%）	成交技巧训练	1. 客户购买信号的识别 2. 成交技巧的应用	A. 能及时准确地识别客户购买信号，并灵活应用成交技巧	6～8	
			B. 能识别客户购买信号，并应用成交技巧	4～6	
			C. 不能及时识别客户购买信号，不会应用成交技巧	0～4	
	电话结束处理	1. 设计的结束语 2. 设计的感谢词	A. 设计的结束语、感谢词流畅、合理，实用性强	5～7	
			B. 设计的结束语、感谢词较流畅、合理，有一定的实用性	3～5	
			C. 设计的结束语、感谢词不流畅，实用性不强	0～3	
其他（5%）		1. 没有上网玩游戏或做其他与项目无关的事 2. 独自完成实训任务，没有抄袭等现象		0～5	
总分				100	

项目总结

回顾项目二的实施过程，谈谈自己的体会，总结一下收获和不足，提出个人努力方向与建议。

____

____

项目三　电话营销售后管理

引导案例

在泰国曼谷，清晨酒店一开门，一名漂亮的泰国小姐微笑着和我打招呼："早，余先生。""你怎么知道我姓余?""余先生，我们每一层的当班小姐要记住每一个房间客人的名字。"我心中很高兴，乘电梯到了一楼，门一开，又一名泰国小姐站在那儿，"早，余先生。""啊，你也知道我姓余，你也背了上面的名字，怎么可能呢?""余先生，上面打电话说你下来了。"原来她们腰上挂着对讲机。

于是她带我去吃早餐，餐厅的服务人员替我上菜，都尽量称呼我余先生。这时来了一盘点心，点心的样子很奇怪，我就问她："中间这个红红的是什么?"这时我注意到一个细节，那个小姐看了一下，就后退一步说那个红红的是什么。"那么旁边这一圈黑黑的呢?"她上前又看了一眼，又后退一步说那黑黑的是什么。这个后退一步就是为了防止她的口水会溅到菜里。

我退房离开的时候，刷卡后酒店服务员把信用卡还给我，然后再把我的收据折好放在信封里，还给我的时候说："谢谢你，余先生，真希望第七次再见到您。"第七次再看到，原来那次我是第六次去。

3 年过去了，我再没去过泰国。有一天我收到一张卡片，发现是他们酒店寄来的，"亲爱的余先生，3 年前的 4 月 16 号你离开以后，我们就没有再见到您，公司全体上下都很想念您，下次经过泰国一定要来看看我们"。下面写的是祝您生日快乐。原来写信的那天是我的生日。

这种优质的售后服务无疑赢得了一个顾客的心。而在电话营销中售后服务和管理也非常重要。有以下几种说法：

售后服务是持续构建和维持互利的业务关系。客户流失率降低 5% 即可使公司的赢利增长 25% ~85%。找到一个新客户所需花费的时间是向一个老客户销售产品所需时间的 5 ~ 10 倍。

那么如何开展售后服务和管理呢？这就是本项目所要学习的内容。

项目目标

一、知识目标

1. 熟悉售后服务的原则
2. 了解售后服务的方法
3. 熟悉售后跟进的方法和技巧
4. 了解处理客户投诉的方法和技巧
5. 了解电话营销公司常见的组织结构
6. 熟悉电话营销公司常用的现场管理和绩效管理办法

二、能力目标

1. 能对客户进行售后服务
2. 能设计售后跟进方案
3. 能正确处理客户的投诉
4. 能设计公司组织结构优化方案
5. 会电话营销公司的简单现场管理和绩效管理

三、项目总目标

会处理在电话营销保健产品过程中产生的各项投诉并进行客户跟进及简单的绩效管理，最后按照流程完整流畅地完成电话营销任务

项目背景

在电话营销保险产品的过程中，刘欣曾经通过很大的努力，终于签下了自己从事这一行业以来最大的一张订单。签完以后，有一种说不出的放松感，经过了短时间的放松以后，她又投入到紧张的销售工作之中，小刘的目标就是将手中的潜在客户一个一个变成现实客户。这时，小刘忽略了对现有客户的服务，尤其是对这个刚刚签下订单的客户。由于小刘过度的自信及忽略了这一点，在签完这张单以后的一个月中，小刘都没有同客户联系过，因为她认为所有的问题都已经在这之前解决了。小刘当时想：如果客户对我们有意见的话，她怎么会从我们这里买东西呢？而且，即使有问题，她也会主动打电话找她的。但事实证明小刘错了，由于第一批产品就没有符合客户的要求，而售后服务部门又没有及时向客户了解使用过程中的问题，并将这些信息反馈给小刘。所以，直到两个月以后，小刘才了解到客户对产品并不满意。这时候，再想去补救的话还来得及吗？虽然后来小刘做了大量工作，还是没有将这个客户挽救回来。这件事致使小刘损失了所签订单价值 5 倍的订单，因

为后来这个客户跟我们的竞争对手签了一张更大的订单。这是一个很惨痛的教训！

这件事对刘欣的启示就是，做成生意仅仅是销售的开始，而不是结束。电话营销的售后跟踪与服务太重要了。

而在前期推销保险产品的基础上公司决定让刘欣她们组进行保健产品的电话营销，这是一个营销难度比前两种产品大的产品，其中的售后环节尤其重要。本项目在前面两个项目的基础上重点学习如何处理投诉并进行客户售后跟踪服务，还加入了电话营销团队管理的一些基本知识，最终通过综合训练将电话营销的所有知识与技能进行综合完整地应用。

本环节主要通过电话营销康王集团的名牌产品“康寿宝拖鞋”、“眼保仪”及其他产品来学习相关知识。

附：“康寿宝”、“眼保仪”简介：

康寿宝养生足疗按摩拖鞋

【产品介绍】

康寿宝养生足疗按摩拖鞋是康王集团依据人体足部穴道原理研制的创新型产品。康寿宝通过足底按摩的方式，舒筋活血，延年益寿，让您轻轻松松享受现代健康生活。

【产品特点】

（1）依据人体足部穴道原理，通过按摩刺激各重要反射区；

（2）舒筋活血，缓解疲劳，促进血液循环，享受按摩理疗；

（3）按摩头根据您的体形、体重自动调整，让您的按摩体验更惬意；

（4）软硬相辅设计，具有弹性、透气、干爽舒适、排汗散热等特点。

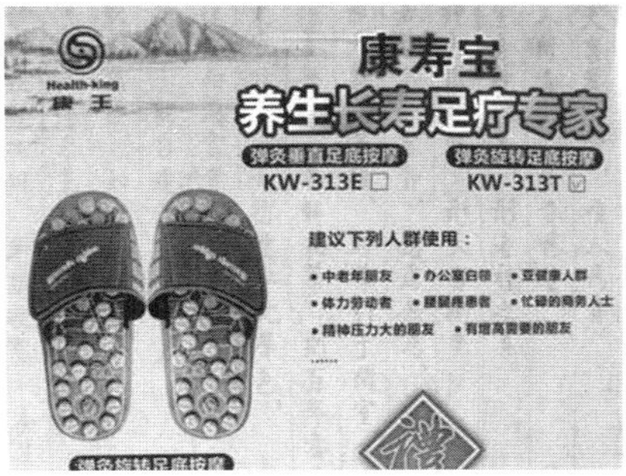

眼郎中　智能眼保健操护眼仪

【产品介绍】

通过脉冲自动保健按摩，活化眼部神经细胞，缓解眼睛疲劳，恢复睫状肌弹性，给您最具活力的眼部按摩体验。眼郎中是传统眼保健操市场的一次彻底革命，让您避免了手做眼保健操带来的细菌污染，轻轻松松享受清晰世界。

【独特功能】

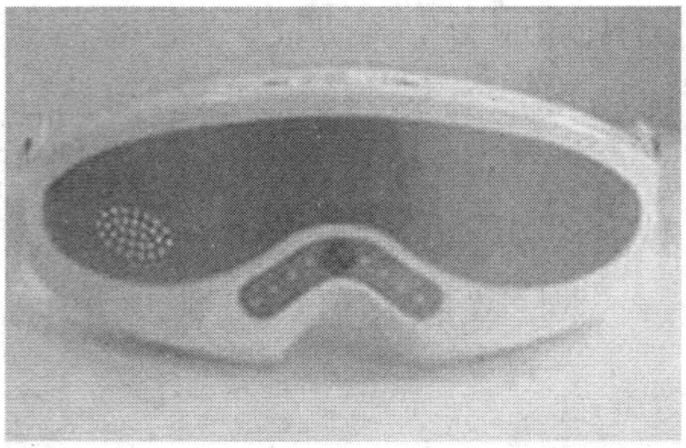

（1）数码芯片脉冲按摩，眼保健操节律按摩；

（2）高斯磁疗保健按摩，电动转子高频按摩；

（3）导电硅胶，可针对使用者脸形的不同作自由调整；

（4）针孔透片，矫正焦点，多种按摩力度自由选择。

项目分解

任务一：电话营销售后服务

任务二：电话营销团队管理

任务三：综合电话营销

任务一　电话营销售后服务

一、任务描述

在竞争激烈的销售市场上，精确掌握销售环节前、中、后的销售技巧与全方位的客户服务，是赢得最佳商机的关键。售后服务本身也是一种促销手段，通过售后服务可以提高企业的信誉，扩大产品的市场占有率，提高推销工作的效率与效益。掌握售后服务原则、要点，提高自身素质，努力做好售后服务，使售后服务成为再次销售的开端。有这样一首客户抱怨歌：

你说过有空儿来看我
一等就是一年多
365 个日子不联络
你心里根本没有我
早忘记当初的承诺

我没忘记你忘记我
连名字你都说错
证明你一切都是在骗我
把我的钱还给我

从这首歌中可以看出，售后服务不仅重要，还必须真诚。在电话营销中它一般包括处理客户投诉、及时跟进维护等环节。

二、任务实施

活动一：客户投诉处理

在电话销售康王保健按摩产品的同时会遇到各种各样的客户投诉，这是很正常的事，要用正确的态度和方法来对待。请与小刘一起完成以下任务：

训练 1：常见投诉分析。

面对以下几种常见的投诉将如何处理？

（1）你们送货速度太慢！

____

____

（2）××电话营销人员的态度不好。

____

____

（3）你们的产品质量太差。

____

____

（4）我要退货。

____

____

（5）我要换货。

____

____

（6）产品的一个配套零件没有给我送来。

____

____

（7）为什么没有发票？

____

____

（8）保修期为什么只有两年？

____

____

训练2：设计投诉处理表格。

针对你在电话营销过程中所遇到过的客户投诉情况，设计适用的投诉处理表格：

____

____

____

知识链接

电话投诉是客户寻求解决问题途径、发泄内心不满的一种方法，是一个很正常的现象。它一方面为我们工作的改进和完善提供一个很好的平台，但另一方面也使我们的管理者和一线工作人员面临着巨大的压力。客户投诉处理不好，会影响客户与企业的关系，有些投诉甚至会损坏企业形象，给企业造成一定的负面影响。那么如何处理电话投诉呢？可以从以下几方面着手。

（一）客户投诉处理的步骤

处理投诉的要诀：先处理感情，再处理事情。具体来说有以下几个步骤：

1. 认真聆听

客户投诉，不仅为了寻求解决问题的途径，还是为了发泄内心的不满。这要求我们在处理客户电话投诉过程中，要把握好“听”的度，做一名优秀的“倾听者”。聆听客户投诉是一门艺术，在这个过程中可以平息客户内心需要宣泄的不满，也能发现客户的真正需求，获得处理投诉的重要信息，是做好客户投诉处理的关键环节。

2. 真诚道歉

造成客户投诉的原因是多方面的，仔细分析，总会发现我们的某个工作流程、某个服务环节存在瑕疵。面对投诉，应该真诚地、适度地表示歉意。据调查发现，客户对投诉最大的不满是责任方的漠不关心或据理力争。找借口或拒绝，只会使对方火上浇油，适时地表示歉意会起到意想不到的效果。

3. 询问原因

仅仅听客户所言，不能全面地了解真实情况和客户需要投诉的内容。在细心认真地聆听过客户的投诉后，需要引导客户说出问题重点，有的放矢，并适度地表示同感。如果客户知道你的确关心他的问题，也了解他的心情，怒气便会消减一半。再设身处地地分析、询问，对他的心情表示理解，让客户按照你的询问引入到公司相关政策的宣传。那么，处理投诉工作就基本成功了一半。

4. 记录检查

好记性不如烂笔头，对客户电话投诉应该是痕迹化管理。对投诉内容，应该全面、客观地记录。这样做有利于职能部门对客户电话投诉的内容有全面的认识，也有利于追查落实责任。要定期检讨，从而找出原因，不断改进。

5. 及时解决

处理客户投诉的目的是解决问题，在条件允许的前提下，探询客户希望解决问题的方案，在职责范围内，以尽可能快的速度，确定最佳解决方案，最终妥善处理客户投诉。

（二）客户投诉处理技巧：三明治法则

三明治法则是指先对客户进行肯定，然后提出问题，给出改进方案，最后让客户愉快地接受建议的一种处理技巧。这种技巧在处理客户投诉中也经常用到，它可以形象地用下表所示：

面包	认同、欣赏、关爱、幽默感
肉	建议、方案、问题
面包	鼓励、希望、信任、支持

（三）常见投诉处理参考表格

由于电话投诉要及时记录，所以设计、填制、整理一系列的投诉处理表格是十分重要的。下面一些常见的处理表格可供参考：

客户投诉登记表

投诉客户名称			
投诉内容和客户要求			
客户联系地址和电话			
受理人意见	销售人员	主管意见	备注

公司业务主管签字：

客户投诉处理记录表

受理时间	
受理方式	
接待人员	
参加人员	
处理意见	
监理中心（签字）	年　月　日
投诉单位意见	
投诉单位	年　月　日
被投诉单位意见	
被投诉单位（签字）	年　月　日

客户投诉表

接待者		投诉日期	
客户编号		发票号码	
客户姓名		电话号码传真	
地址		销售人员姓名	
客户部经理姓名			
投诉细节			
第一次改进行动			
第二次改进行动			
改进行动人员			
投诉结果	时间	审核	

活动二：设计跟进方案

人们常说成交是下一次营销的开始，有这样的两点论：成交是售后服务的“新起点”；成交是新一轮业务扩展的“增长点”。而做好客户的跟进维护就显得尤为重要。请与刘欣一起完成以下任务：

训练1：电话营销的跟进工具通常有哪些？你在电话营销康王保健产品时如何开展跟进工作？

____

____

训练2：针对“康寿宝”这款产品，编写一段手机短信对客户进行跟进。

____

____

训练3：针对“康寿宝”这款产品，请编写一封电子邮件对客户进行跟进。

训练4：针对“康寿宝”这款产品，请写一封书信对你的客户进行跟进。

训练5：针对“康寿保”这款产品，请准备一份礼物清单。

知识链接

（一）售后跟进的作用

售后跟进，是指在成交之后（无论成交与否），销售员对顾客所持的一种态度和进一步提供的服务。跟进的作用表现在以下三个方面：

（1）希望顾客在成交后仍然能感受到公司对他的关心与问候，为日后再次购买奠定基础。

（2）希望顾客在成交失败后能对业务员及企业留下美好深刻的印象，为今后销售成功创造机会。

（3）希望业务员在成交失败之后，能发现问题并及时纠正，为今后改进销售技巧、提高成功机会作参考。

（二）售后跟进的方法

由于电话营销与其他营销不同，有其特殊性，所以可以采用以下几种跟进方式：电话回访、电子邮件、书信、邮寄礼物、短信、QQ等。

1. 电话回访

这是电话营销中最常用的一种跟进手段。

（1）电话回访的3－3－3制度（即指售后3天、3周、3个月）。

意义及目的：

A. 实现承诺，增强顾客对品牌的信任度。

B. 汉堡回炉，巩固顾客对产品的信任。

C. 减少投诉，增进感情。

D. 获取更多信息，赢取更多生意机会。

（2）3－3－3回访内容。

回访基础：

根据回访本上的详细记录，了解售卖过程中顾客的一些资料及购买产品的资料。

A. 客户的工作环境、性质、年龄、外貌特征（确定回访时间）。

B. 购买用途（关心及尊重）。

C. 感性的话题以及相关的重要事情（联络感情）。

D. 承诺帮忙的事情（回复、守信）。

E. 额外需求（锁定目标，增加推销机会）。

售后 3 天（汉堡回炉）

关心客户使用情况，是否得到夸奖，再次肯定顾客对产品的选择（一定用姓氏称呼对方，多次提到自己的名字）

例：××小姐/先生，我是××。

并再次致谢对自己工作的支持。

售后 3 周（一定用姓氏称呼对方，多次提到自己的名字）

重点：重复对方喜欢的话题，场景再现，并准确说出对方购买时间，提醒客户保养产品等。

售后 3 个月（一定用姓氏称呼对方，多次提到自己的名字）

关心对方，语气亲切，真正起到回访的作用，提醒保养产品注意事项等，告诉对方公司最新销售活动，获得新的信息，增加销售机会。

2. 电子邮件

大多数电话营销人员在使用电子邮件与客户建立和维护关系时，思路都太狭窄，提供的信息非常单一，除了没完没了的产品信息之外，似乎没有其他东西。实际上，电子邮件的功能非常强大，是与客户建立关系强有力的工具之一。

电子邮件的使用与电话营销人员的思维密不可分：一个思想活跃、富有创新意识的电话营销人员写的电子邮件内容就会丰富多彩、形式多样，处处闪烁着智慧的火花；而一个思想迟钝、循规蹈矩的人，其邮件内容大都呆板单调、缺乏灵气。电话营销人员在给客户发电子邮件时，始终都要明确一点，就是客户在阅读我们的邮件时是一种享受，而不是折磨。当我们在与客户沟通的过程中产生误解导致不愉快的事情产生时，写一封恰当的电子邮件往往能够消除误解、力挽狂澜。

3. 书信

不要以为 E 时代书信就过时了，客户如果收到一封由你自己亲笔书写的、字迹优美、言辞恳切的书信一定会非常意外和高兴的。

手写亲笔信一般用在与客户有过第一次合作之后，主要用来感谢对方，为下一次的合作打好基础。在手写亲笔信时，最关键的一点就是要真诚。有不少电话营销人员也会使用写信的方式来维护客户关系，但为了省时省力，他们写给客户的信几乎是千篇一律，这样的信就没有感染力，因为客户千差万别，彼此合作的前提、条件、经过、背景等都不一样。

下面这封信是电话营销人员小马曾经写给一位客户的一封信，希望能给大家一点启发。

高总：

您好！

我是秦娟，很高兴能够以这样的方式与您交流。

本年度3月23日我们刚刚成功举办了一次全国性的电话营销公开课，是针对通信行业的，如电信、联通和移动，出席这次课的都是来自各个省市和地区的外呼主管和一线的座席代表，整个公开课办得非常成功，反应非常好。他们回去之后给我们的反馈满意度达到90%以上。我们从不夸自己有多好，我们认为用事实及客户的真实反馈说话是最有力度的，您说呢？

很感谢您给了我们一次能够为您和您公司服务的机会，今天是我第二次与您沟通。我非常喜欢您爽朗的性格和坦诚的态度，而您身边像阿东、黄敏等优秀的精英更是您的左膀右臂，拥有这样一群富有朝气和活力的人才，加上您的领导才干，相信您的公司一定会大展宏图！希望您不要认为我是为了获得某种利益而在恭维您，这是我在与您通过两次电话之后的一些真实感受。

因时间关系今天就聊到这里，我们改日再聊。有什么事欢迎您随时打电话给我，我的电话是139××××××××。

明天就是周末了，祝您过一个愉快的双休日，同时也请您代我转告阿东和黄敏，祝他们快乐幸福！

秦娟谨上

2012年3月3日

4. 邮寄礼物

送礼不在于金钱的多少，而在于选择送什么样的礼物。毕竟做生意、谈合作是一个双赢的过程，礼物过于珍贵，就会有行贿的嫌疑，反而弄巧成拙。

礼物只是一种个人心意的象征，在送礼给对方之前，一定要对对方有所了解，原则就是选择对方所需要的东西。

有一次，电话营销员小江给一家网络公司做了一期电话营销技巧内训课，因为听课学员均是四十多岁的管理者，他们都很挑剔。果然课后评估满意度不到 70 分，按事先签订的合同只能收到 50% 的费用。小江灵机一动，立即找到该网络公司负责培训的经理商量，可是该经理坚决要求按合同付款。这就意味着这次培训，小江所在公司是要赔本的。但是在通话过程中，小江了解到该经理的孩子已经上小学二年级了，于是当天下午小江迅速跑到商场，购买了十几套小学生学习用的光碟，并用快递给该经理寄过去了。第二天下午小江再次拨通了该经理的电话，对方语气很显然缓和了不少。他们心平气和地分析了整个培训，最后的结果自然是对方全额付款。

5. 短信

手机短信这种方式由于飞信业务的开展变得非常方便快捷，并且贯穿营销活动的始终。它可以作为销售前期的探路先锋、中期的沟通、后期的维护。

在销售的最初阶段，彼此了解很少，甚至完全陌生，双方合作的可能性很小。此时，手机短信可以打破彼此之间的隔膜，建立初步的关系。

成交之后，手机短信在“确认”上作用很大，当电话营销人员给客户发了邮件、传真、快递后，一定要记得立即给对方发一条短信进行确认。而逢年过节的一个飞信问候能让客户随时随地记住你。总之，它是一种非常有效的跟进工具。

三、拓展训练

一日，康王集团的员工小林接到客户的投诉电话，于是发生了如下一段对话：

客户：你们公司的效率怎么那么差？

小林：汪科长，很抱歉！我姓林，能否告诉我究竟是什么原因让您这么生气？

客户：上个月跟你们公司订了一台血压计，说好上个星期五送货过来，今天都周三了，为什么到现在还没看到货啊？

小林：汪科长，真是抱歉，我马上帮您查出货单。对不起！这是本公司的疏忽，我会向主管反映此事，麻烦您将您的电话号码告诉我，查完出货单，马上给您回电话，请不要生气。

……

小林：汪科长您好，我是康王集团的小林，我已经帮您查过了，您订的血压仪，因为缺少一个小零件，所以延误至今还没给您送过去，本公司未能及时告知，这是我们的疏忽，刚才跟经理报告了，经理已下达命令给生产科，本星期五之前一定把产品给您送过去，我会亲自到贵公司向您致歉，真是抱歉！

客户：那好吧。

问题：

1. 假设你是以上案例中的小林，在你向客户作出耐心的解释后，如果这位客户得理不饶人，依旧数落个不停时，你将如何处理？请简单阐述你的观点。

2. 处理完这个客户的投诉后小林可以进一步做哪些电话跟进活动？请设计一套跟进方案。

小故事

最后一英里

1926 年，美国人艾德莉仅用 14 小时 31 分就成功横渡了英吉利海峡，以第一个游泳横渡英吉利海峡的女性而闻名于世。两年后，她从卡德那岛出发，游向加利福尼亚海滩，想再创一项前无古人的记录。

那天天公不作美，浓雾弥漫，海水冰冷刺骨。在游了漫长的 16 小时之后，艾德莉的嘴唇已冻得发紫，筋疲力尽。她抬头眺望远方，迷雾茫茫，仿佛陆地十分遥远。看来这次是无法游完全程了，她这样想着，身体立刻瘫软下来，甚至连再划一下水的力气都没有了。

“把我拖上去吧！”她对护游小艇上的人挣扎着说。

“咬咬牙，再坚持一下，只剩下一英里了。”艇上的人鼓励她。

“你骗我。如果只剩下一英里，我早就应该看到海岸了，快，把我拖上去。”

于是瑟瑟发抖的艾德莉被拖了上来。就在她裹紧毛毯刚喝完一碗热汤时，海岸从浓雾中出现了，她甚至还看到了在海滩上欢呼等待她的人群。这时，她才知道艇上的人并没有骗她，她距成功确实只有一英里了。

对已经游了 16 个小时的艾德莉来说，游完最后一英里，并不是很难的事情。她之所以失败是因为她没有坚持。不能坚持，成功即使触手可及，也会充满遗憾地擦肩而过。

请同学们就做好电话营销售后工作谈谈各自的感想。

思考分析题

1. 电话投诉处理的要诀是什么？
2. 电话投诉与异议有什么不同？
3. 电话投诉处理的步骤有哪些？
4. 常见的电话售后跟进方法有哪些？

任务二　电话营销团队管理

一、任务描述

经过前期的售前准备、售中实战，刘欣表现良好，晋升为主管，而作为一个主管，公司对她的要求更高了。如何对一个电话营销团队进行管理，如何提升团队绩效，这些对刘欣都是新的考验。本环节的主要任务就是与小刘一起完成现场管理和绩效考核这两个任务。

二、任务实施

活动一：现场管理

现场管理是电话营销实施的一个重要环节，现场管理指的是电话营销管理人员根据事先设定的质量标准或工作要求，在话务现场或通过多媒体数字监控手段对TSR（Telephone Service Representative，电话座席人员）、设备、工作流程、环境等进行实时的监控和管理，发现及预测存在的和潜在的问题，并及时制定解决方案，以改善电话营销实施效果的管理过程。请完成以下任务：

训练1：对你所管理的团队进行现场人员管理。

____

____

训练2：对你所管理的团队进行现场环境管理。

____

____

训练3：对你所管理的团队进行现场质量管理。

____

____

知识链接

电话营销现场管理的常用方法

电话营销现场管理对于电话营销项目正常实施至关重要。现场管理有助于管理者发现电话营销项目在实际运营中产生的新问题和各种需求，从实际出发实施管理，制定出具体的发展计划和努力目标。同时，管理者可以立即根据项目实施情况对TSR进行有效的帮助和指导。一般来说，电话营销现场管理包括三个部分：

（一）现场质量管理

现场质量管理就是在项目实施过程中实时监控营销质量、营销技巧的应用和客户投诉等。具体方法主要包括以下几种：

（1）远程电话监听。通过对电话的实时跟听来进行各项目质量管理指标的评估。跟听可以在特定的位置（例如质量管理室）或训导师、主管自己的桌面进行监听。远程监听可以有两种操作，一种是事先计划好的，让被监听的TSR事先知晓；另一种是在被监听者不知情的情况下进行。后者的好处是因被监听者不知道何时会被监听，故其表现自然，监听结果比较能反映真实的状态。

（2）近座席监测（Side-by-Side-Monitoring）。训导师或主管就坐在TSR的旁边，用同一电话机（通常有监听插口）进行监听。这种监听保证双方都能及时地交流沟通。但存在的一个问题是TSR的表现可能并非常态。

（3）录音回放。通过对电话录音的回放来评估TSR的表现。录音的回放大部分时间发生在一对一的辅导当中或用于录音团队分享。有时候，TSR也会主动要求调用自己的录音，请求训导师分析自己的录音并给予指导。录音还在另外一种情况下采用，就是训导师或主管取下录音以后，在自己时间方便的情况下完成质量评估的工作。

（4）客户回访。对于电话内容的评估只能反映通话的过程，而电话营销完整的过程对客户的影响也是重要的评估内容。因此，抽取一部分客户进行回访，调查客户对于电话营销过程、TSR 个人的态度和专业能力的满意度也是质量管理一种很好的方法。

（5）报表与报告。电话营销的整个过程可以完整地通过数字反映出来。通过对一些关键指标的统计，可以反映出质量目标达成的程度，也可以监控营销质量问题。例如：对于团队整体电话营销投诉率的统计就很重要，一般来说，电话投诉率不能超过 1%。

（6）走动管理。走动管理的意义一方面在于随时给 TSR 帮助，加强与 TSR 的沟通，另一方面也起着一定的监控作用，随时发现现场管理当中的问题。

（7）屏幕监控跟屏。通过对 TSR 计算机屏幕的监控，可以观察 TSR 是否按照流程进行操作、是否与通话同步、数据录入是否准确。

（8）一对一质量分析辅导。辅导是质量管理当中必不可少的，辅导是帮助 TSR 意识到自己的问题，共同找到提升营销质量方法的一个过程。

（二）现场人员管理

在电话营销实施中，为了高质量地完成销售任务，还有一项重要工作就是对 TSR 进行现场激励。现场激励的方式可以包括：

1. 班前会

每天的班前会都需要提前准备，除了总结前一天的业绩、典型的问题、分享优秀的电话录音、强调当天的注意事项之外，还有一项重要内容就是想办法让每个人都“笑”起来，激发大家的热情。我们经常把这个称之为“笑起来工程”。

2. 班间激励

一个优秀的主管要善于在话务进行当中进行激励。有一些主管，很善于进行班间激励。他们会至少每隔一小时就走到团队中去，拍拍 TSR 的肩膀，问今天的任务完成如何？如果完成不错，就来一个“give me five”（击掌）。如果 TSR 有些沮丧，就会说一些鼓励的话。如果发现谁又成功地完成了一个大订单，就会马上给他发个 E－mail 祝贺他，并抄送给大家。现场管理人员要保持笑容且要有良好的精神状态，充满热情是对 TSR 最好的现场激励。

3. 班后会

通过班后会分析各类与质量管理相关的问题，找到解决办法。除了正式强调一些工作之外，必须让班后会充满欢乐。

除了现场激励之外，现场管理人员还需要学会情绪管理，无论是管理 TSR 的情绪，还是管理自己的情绪。

如果发现某 TSR 情绪异常（特别沮丧或委屈），千万不要压抑他的情绪，严重的话可以让他离席到休息室或减压室休息一下或泡杯咖啡，也可以找他单独聊一聊。对于情绪异常的TSR，还可以考虑把他的电话优先级设置降低，让他少接听一些电话。除此之外，主管还需要注意TSR的情绪波动。对于处在“down time”（情绪低迷期）的TSR，除了多加鼓励外，还可以使其任务量降低或处理一些其他的工作，如数据整理、离线自我培训，不要认为不接电话就是损失，让一个情绪低落的员工接电话带来的损失甚至比不接电话要大得多。

现场管理人员还需懂得如何控制自己的情绪，因为你的正面情绪可以给大家带来积极影响，而负面情则可能迅速传播开来。

（三）电话营销环境管理

环境管理主要作用是确保实施现场的环境整洁有序、科学合理，最终目的也是为了更好地完成销售任务。以下分别从几方面介绍电话营销中心场地设计需要注意的几个地方。

1. *座席摆放*

电话营销中心场内座席分布格局会影响一个公司给人的印象，如果设计得好，可以在提升美感的同时也让场地空间得到有效利用。下图描绘了几种可能的电话营销中心办公桌布局。

并列型

梅花型

S型

背靠背型

另外，座席摆放应该反映出工作程序和TSR履行的职能，保证办公桌的尺寸适当。通常一个相对舒适的工位平均面积在4平方米左右（即200平方米的办公面积，放置50个工位）。

2. 桌面

为 TSR 购买液晶显示器和小型 PC 通常是很有必要的，它们会占用比较小的桌面空间。液晶显示器更省电，可以更多地节省长期运行费用。

3. 座椅

每个人都希望坐得舒服。电话营销中心比任何其他的部门更难指定座椅，因为同一座位可能经常会被不同团队的人或不同班次的人使用。所以，采购一种可以自由调节的椅子是很必要的。此外，由于背部疾病是电话营销中心员工常见的问题，它经常导致 TSR 无法正常工作，是对生产力的极大消耗，所以如果我们能给每个椅子配一个可调节的靠垫，那更是一项保持员工舒适和健康的值得的投资。

4. 减压区

休息室也可以划出一些区域作为减压区。公司可在这个区域放置一些装饰品、LCD 电视（播放一些轻松的娱乐节目），或购买一些娱乐设备和释放压力的玩具等，如乒乓球桌、桌上足球桌等。还有一些公司提供联网的电脑（很多公司不对 TSR 的 PC 提供外部网的链接）让员工在休息的时候可以查阅私人电子邮件或浏览网页。通过这些方式，TSR 的压力可以得到释放，这些看似额外的费用实际上会带来很好的效果。

5. 弹性空间的设计

考虑如何在电话营销中心内建立弹性的空间也是一个重要的问题，例如：有折叠隔板和活动墙的培训室、会议室会非常好用。这里的弹性是指简单的实用性：将空间设计成可以打开隔墙变成一个大型会议室的做法比单独为大型会议留出一个指定区域的做法更明智，很显然，后者不能被充分而有效地利用。

6. 休息室

对于电话营销中心来说，专用的休息区是不可或缺的。在这里，员工可以暂时从他们的办公桌上解脱出来稍加休息，并且能够满足休息时间的调整需要，可以采用休息室、休息区或小咖啡厅的形式。每个人都喜欢星巴克的风格，如果 TSR 能在这种环境中享受他们的午餐并为下午的工作养精蓄锐，何尝不是一件好事？而这仅仅只是需要风格独特却并不会用太多的家具。

7. 噪声处理

电话营销中心中，由于很多 TSR 在同时接听电话，所以不可避免地存在一定的嘈杂声，所以在电话营销中心场地设计时不能只追求美观（比如用大量的玻璃、铝扣板的天花板等），而应当加入相关消音处理。例如采用吸音泡沫材料或者在天花板和墙壁上采用消音瓦，地板及工位可以采用软性表面以消除回音。

8. 照明

照明对于人情绪的影响与色彩的影响相似。电话营销中心由于人员工作压力和工作时间的特点，照明比一般的办公空间更加重要一些。而光线不均匀、不同的色温混搭、照明度不够是现在最常见的情况。生硬的冷光和昏暗的灯光会令人非常压抑。电话营销中心需要安装优质的照明设备，而不只是直射灯光。另外适当地增加一些局部的彩色照明容易使室内更有活力。

活动二：绩效考核

训练1：比较、分析其他公司和行业电话营销部门的组织架构特点，对康王集团电话营销部门的组织结构设置进行优化。集团原来的组织结构如下图所示：

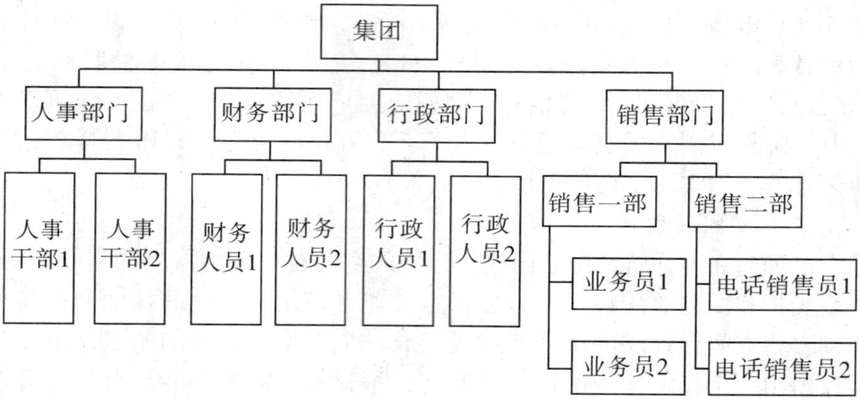

训练2：为新规划的组织设计一个合理的薪酬制度。

训练3：为你所在的团队建立全面的绩效考核体系。

知识链接

（一）常见的电话营销中心组织架构

根据呼叫中心电话营销功能结构，可以把所有功能归类到四个大的部分：电话营销实施团队、运营管理团队、营销业务管理团队和后台支持团队。

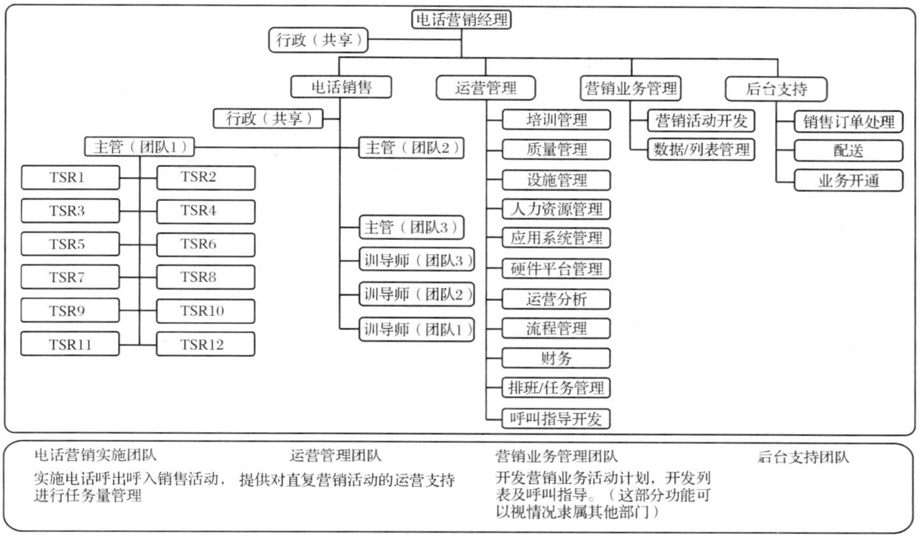

（二）电话座席人员薪酬的几种典型模式

TSR 薪酬设计是很讲究艺术性的，既要有吸引力，又要考虑到企业的成本和收益。不能完全说哪种最好，也不能完全说哪种最差，不同的薪酬模式起着不同的作用。为了找到最合适的薪酬模式，企业还需要积累自身的经验。以下列举出几种电话营销中心常见的薪酬模式。

1. 纯佣金制

纯佣金制指的是按销售额（毛利、利润）的一定比例进行提成，作为销售报酬，除此之外销售人员没有任何固定工资，收入是变动式的。纯佣金制的销售报酬制度在美国大约有 20% 的企业采用，国内企业运用得较少。计算公式如下：

个人收入 = 销售额（或毛利、利润）× 提成率

纯佣金制最大的优点在于销售报酬指向非常明确，能激励 TSR 努力工作，它还将 TSR 工资成本的风险完全转移到 TSR 自身，大大降低了公司运营成本的压力。当然，其弊端也很明显：完全的佣金行为导向使得 TSR 热衷于进行有利可图的交易，而对其他不产生直接效益的事情不予重视，有时甚至会损害公司的形象；纯佣金制带给 TSR 的巨大风险和压力，减弱了电话营销团队的稳定性和凝聚力。

2. “固定工资 + 浮动工资”制

“固定工资 + 浮动工资”制指将 TSR 的收入分为固定工资及销售提成两部分内容，TSR 有一定的销售定额，当月不管是否完成销售指标，都可得到

基本工资即底薪；如果销售员当期完成的销售额超过设置指标，则超过部分按比例提成。它是企业运用最多的一种方式，用公式表示如下：

"个人收入 = 基本工资 + （当期销售额 - 销售定额）×提成率"或

"个人收入 = 基本工资 + （当期销售额 - 销售定额）×毛利率×提成率"

3. 份额制

份额制是指事先确定所有 TSR 总收入之和，然后在本月结束后，按个人完成的销售额所占总的销售额的比例来确定报酬。公式表示如下：

"个人月工资 = 团体总工资×(个人月销售额 ÷ 全体月销售额)"或

"个人月工资 = 团体总工资×(个人月销售毛利完成额 ÷ 全体月销售毛利完成额)"

"团体总工资 = 单人额定工资×人数"

实施份额制时必须保证参与的人数起码多于五人，否则易于串通作弊，从而达不到鼓励内部竞争、提高工作效率的目的。份额制的优点在于：操作简单、易学易懂；成本相对固定，却照样能鼓励竞争。其主要弊端是：员工理解较为困难；容易引发较为激烈的内部竞争，不利于部门之间的工作协调。

4. 浮动定额制

浮动定额指的是将每月的销售定额（当月的销售总额除以 TSR 人数所得的人均销售额）乘以一定比例，如果某员工的个人实际完成销售额在定额以下，则只拿基本工资，如果完成的销售在浮动定额以上，则超过定额部分按一定比例提成，外加基本工资。公式表示如下：

"个人工资 = 基本工资 + （个人当期销售额 - 当期浮动定额）×提成率"

"当期浮动定额 = 当期人均销售额×比例"

其中，设定的比例一般为 70% ~90% 较为合适。

采用浮动定额制时要确保两个条件：①每个销售员的销售机会比较均衡；②参与浮动定额制的销售员人数要尽可能多。浮动定额制可以综合反映市场行情，减弱环境的剧烈变化对 TSR 收入的影响；操作起来比较简单，可以减少误差程度；能够充分鼓励内部员工竞争，大大提高工作效率；有助于控制成本。但是浮动定额制易引发激烈的内部竞争，有损内部的团结合作。

5. 同期比制

同期比制指的是将每人与上一年同期销售额比较，如果比上一年差，则予以处罚，处罚程度与下降比例挂钩。公式表示如下：

"个人工资 = 基本工资 + （当期销售额 - 定额）×提成率×（当期销售额 ÷ 去年同期销售额）n（n 可以为 1 或 2 或 3……视需要而定）"

实施同期比制主要是防止 TSR 由于工作时间较长，资格较老而出现的

"老油条"的工作态度；或者是不安心于本职工作，在外兼职而导致销售额下降。它不适合由于市场状况的整体恶化而导致的销售额下降。其最大优点就在于见效快，但缺点也很明显，容易产生矛盾，而且由于操作时前后换算的困难，也使得采用同期比制往往只能持续几个月的时间。

6. 落后处罚制

规定凡销售额倒数第一名、第二名、第三名……予以罚款。落后处罚制是针对公司销售员中出现较多松懈、不认真努力工作的情况而采取的一种治乱之法。其优点是处罚面小、影响面大，能对其他人起到警示作用。但同时易于使后进人员产生消极心理，甚至与管理者对抗或离开公司。

7. 排序报酬法

所谓排序报酬法，即把所有 TSR 的报酬或工资各自固定，统计出当月各位 TSR 的业绩，最后按照第一名、第二名、第三名……的顺序发放工资。

实施排序报酬法应注意将最后一名的工资与倒数第二名的工资拉开较大差距，以防止出现吃"大锅饭"的情况，该法所调动的积极性与收入差距呈正相关。计算公式如下

"个人工资 = 最高个人工资 -（高低工资差距 ÷ 当期人数）×(名次 -1)"

当市场形势急剧变化而无法确定销售定额、提成率时，可以考虑排序报酬法。排序制剔除了市场变化对销售的影响，使职工的收入有保障，又鼓励了适度的竞争，对电话营销团队的稳定和提高 TSR 的忠诚度有好处。但是在原有销售额已经很高的情况下，将很难出现新的突破。

（三）电话营销部门考核制度设计

<table>
<tr><td rowspan="2">制度名称</td><td rowspan="2">电话销售部考核制度</td><td>受控状态</td><td></td></tr>
<tr><td>编　号</td><td></td></tr>
<tr><td colspan="4">第 1 章　总则
第 1 条　为促进电话销售部工作有条不紊、高效地进行，提高电话销售部员工整体的业务素质，特制定本考核制度。
第 2 条　本制度适用于电话销售部所有员工。
第 3 条　考核应遵循"一致性、客观性、公平性、公开性"的原则。
第 2 章　管理职责
第 4 条　电话销售部
1. 部门管理人员（以下称考核者）对直线下级（以下称被考核者）进行考核。
2. 考核者要了解考核的程序和方法，并确保考核的公平、公正。
3. 考核者要对被考核者进行详细的工作指导，并制定绩效改进计划。</td></tr>
</table>

（续上表）

<table>
<tr><td rowspan="2">制度名称</td><td rowspan="2">电话销售部考核制度</td><td>受控状态</td><td></td></tr>
<tr><td>编　号</td><td></td></tr>
<tr><td colspan="4">
第 5 条　人力资源部
1. 制定并定期修订考核方案并报总经理审批。
2. 组织考核工作，监督及控制考核工作的全过程。
3. 培训参与考核的各级管理人员。
4. 汇总考核评分，归档考核资料。
第 6 条　公司考核领导小组由总经理任组长，组员为公司各部门总监，负责考核结果的最终裁决。
第 3 章　考核指标设置规定
第 7 条　考核指标设置原则
1. 指标能够测量或具有明确的评价标准，必须不被考核者所影响。
2. 指标能够测量的最短周期应与考核期一致。
3. 指标项不宜过多，注重于对部门绩效有直接影响的关键指标，一般为 6 ~ 8 个。
4. 指标能直接反映被考核者的工作业绩，被考核者很清楚该怎样努力完成该项指标。
5. 指标值应综合考虑历史绩效、未来发展预测，不宜过高或过低，应使被考核者经过努力可以达到。
第 8 条　考核指标设置程序
1. 电话销售部根据部门销售任务制定部门的经营计划，并将销售任务合理地分配给电话销售部员工。
2. 电话销售部管理人员与被考核者讨论，确定考核指标项和指标值。
第 4 章　考核实施
第 9 条　考核期间，考核者根据被考核者的工作表现，记录相应考核指标数据。
第 10 条　考核期结束后，下一考核期开始第一个月 3 日前，被考核者根据工作计划和期初制定的任务目标，撰写工作报告和自我评价，并提交给考核人。
第 11 条　下一考核期开始第一个月的 4 日 ~ 6 日，考核者根据各项考核指标计分方法确定被考核人各项指标考评得分，填写“考核评分表”。
第 12 条　考核者将考核结果提交人力资源部，由其负责整理归类及统计，并汇总考核结果。
第 13 条　公司考核领导小组召开会议，讨论考核情况，审批最终的考核结果。
第 14 条　考核者将最终考核结果反馈给被考核者，双方就考核结果面谈。考核者指出被考核者的成绩与不足及需要改进之处，听取被考核者的意见并详细记录。对于在考核中问题比较突出或重复出现的问题，由考核者协助被考核者制定绩效改进计划，并指导、监督其绩效改进工作。
第 15 条　考核结果作为被考核者绩效工资发放、职位晋升和提供奖励性培训等的重要依据。
</td></tr>
</table>

（续上表）

<table>
<tr><td rowspan="2">制度名称</td><td rowspan="2" colspan="3">电话销售部考核制度</td><td>受控状态</td><td></td></tr>
<tr><td>编　号</td><td></td></tr>
<tr><td colspan="6">第5章　考核申诉
第16条　被考核者如对考核结果有异议，可以以书面形式向人力资源部提交申诉书。
第17条　人力资源部接到申诉后，应在3个工作日内作出是否受理的答复。对于无客观事实依据、仅凭主观臆断的申诉不予受理。
第18条　受理的申诉事件，首先由人力资源部对申诉内容进行调查，提出处理建议后提交公司考核领导小组。
第19条　公司考核领导小组作出最终裁决后，人力资源部要及时通知申诉人，对于申诉人由于不正确的考核而受到的损失，人力资源部要给予补偿。
第6章　附则
第20条　本制度由人力资源部制定，经总经理批准后实施。
第21条　本制度自公布之日起实施。</td></tr>
<tr><td>相关说明</td><td colspan="5"></td></tr>
<tr><td>编制人员</td><td></td><td>审核人员</td><td></td><td>批准人员</td><td></td></tr>
<tr><td>编制日期</td><td></td><td>审核日期</td><td></td><td>批准日期</td><td></td></tr>
</table>

三、拓展训练

请认真阅读下面这个案例，然后回答相关问题：

章明是一家国际知名电脑公司的电话业务员，由于半年来每个月的业绩都是公司第一名，最近被提拔为新成立的电话营销部门的主管。部门的12名员工都是刚加入公司的员工，非常年轻，对产品不熟悉，也缺乏销售技能，拿起电话就感到恐惧。章明把这12名新员工的表现和自己刚开始工作时的情况相比，觉得这些人大部分眼高手低、不愿吃苦，于是他采取高压措施，制定了严格的规章制度和处罚措施。

如：××公司电话营销部门规章制度（节选）

（1）所有人员必须提前20分钟打卡上班，迟到5分钟者罚款20元；

（2）每人每天如有5次不在打电话并被发现，一次罚款1元；

（3）每人每天必须新增2个意向客户，少一个罚款10元；

（4）上班时间不得打私人电话，否则一次罚款5元；

……

本管理制度自发布之日起生效，部门全体员工必须无条件执行本制度和公司一切管理制度及规定！

监督执行人：章明

三周过去了，团队业绩并没有明显提升，反而人人自危，气氛沉闷。章明没有办法，于是把绝大部分时间和精力放在自己的直接销售上。一个月下来，尽管他的个人业绩排在公司前3位，但12名员工的业绩却远远不及公司的平均水平，团队的整体业绩也排在其他部门之后。

问题：

1. 章明所在的公司是否存在销售队伍管理的漏洞？如果存在，请问漏洞在哪里？

2. 有人认为这是章明没有完成从高级业务员到管理人员的角色转变，你认为呢？

3. 怎样从公司的角度确保章明完成角色转变？

小故事

三个石匠

有一个古老的故事。有人问三个石匠在做什么，第一个石匠说："我在混口饭吃。"第二个石匠一边敲打石块一边说："我在做全国最好的石匠活。"第三个石匠眼中带着想象的光芒，仰望天空说："我在建造一所大教堂。"

第一个石匠知道他要从工作中得到什么，并设法得到它，他会正确地工作，以便得到公平的报酬，但他不是且永远不会是经理人。第二个石匠认为技艺极为重要。当然，一个销售团队的成员应该竭尽所能，但这里也存在着这样一种危险：一个人在雕琢石块或聚集了很多下脚料时，认为这本身就是成就了。在团队中应该鼓励成员发挥他们的技能，但技能应该始终与整体目标相联系。第三个石匠才是真正的经理人。

很多经理正如第二个石匠，关心的只是工作本身。这可能使一个人把精力从公司和团队的目标转移开来，把职能性工作本身作为一种目的。而另一种情况是，很多经理知道团队目标的重要性，也会帮助业务员设立目标，但他们除了和业务员一起设立的业绩目标外，就没有其他目标了。电话销售的业绩靠电话量取得，这个量包括高质量的电话资料量、拨打的电话数量、准客户积累数量等，经理如果只抓业绩目标，将无法对业务员的工作过程进行管理，也很难保证最后的结果。

因此，每位经理都要像第三个石匠，知道自己在打造什么，显然，这需要一个目标组合才能实现。除了业绩目标，还有很多其他目标可以和业绩目标进行组合，以保证完成公司下达的销售任务。

请同学们就如何管理好电话营销团队谈谈感想。

思考分析题

1. 如何对电话营销团队进行现场管理？
2. 如何提升电话营销团队绩效？
3. 常见的电话营销团队的组织架构是什么样的？
4. 电话营销公司薪酬设计有哪几种常见方案？

任务三　综合电话营销

一、任务描述

在完成前面几个任务后，公司提供了另一款产品“眼保仪”让刘欣带领她的团队独立完成电话营销任务。该环节是前面所有任务的综合，是对刘欣及其团队综合能力的一次检验。该款产品详细介绍见前面的项目背景。

二、任务实施

活动一：售前准备

针对“眼保仪”这款产品在进行电话营销之前先做好以下工作：

训练 1：做好电话营销前的准备工作。

____

____

训练 2：熟悉“眼保仪”这款产品。

____

____

知识链接

在项目一我们已经详细介绍了电话营销售前应该做好哪些准备工作，这里补充一些内容：

（一）电话营销员应做好的准备工作

电话销售的过程非常短暂，电话营销员只有做好充分的准备，才能更好地抓住难得的机会，那么电话销售前的准备工作有哪些？通常包括以下几个部分：

（1）明确打电话的目的。你的目的是想成功地销售产品还是想与客户建立一种长久的合作关系？一定要明确，这样才能有的放矢。

（2）明确打电话的目标。目标是什么呢？目标是电话结束以后的效果。目的和目标是有关联的，一定要清楚打电话的目的和目标，这是两个重要的方面。

（3）明确为达到目标必须提的问题。为了达到目标，需要得到哪些信息、提哪些问题，这些在打电话之前必须要明确。不提出问题，显然是无法得到客户的信息和需求的。所以，电话销售中提问的技巧非常重要，应把需要提问的问题在打电话前就写在纸上。

（4）设想客户可能会提到的问题并做好准备。给客户打电话时，客户可能会向你提问一些问题，事先做好准备到时候就不会手忙脚乱。

（5）准备所需的资料。如笔、纸等，还有产品资料、客户资料以及相关人员的联系电话表。

电话销售前的准备工作对电话销售成功具有重要作用，这就像一个坚实的大楼需要一个良好地基一样，因此，电话营销员一定要做好电话销售准备工作。

（二）电话营销团队管理者应做好的准备工作

（1）人员安排：安排4～5名平常表现较为平均的电话营销代表进行试呼以避免全部选用成绩最优异的试呼人员影响项目进度预测。若可行，建议安排不同技能组与不同性别的人员进行试呼，以便进行合适的人员调配。

（2）数据筛选：对客户数据的有效性要进行筛选，一般而言，企业客户数据的无效数据比率应低于10%。

（3）系统准备：熟悉操作系统的使用，保证系统的安全性和可操作性。

（三）电话营销人员的知识准备

良好的知识准备是电话营销人员增强信心、赢得顾客信任的保证。在营销的过程中，电话营销人员要给顾客讲解关于产品、企业的相关知识，这些知识需要电话营销人员虚心学习、专心研究、熟练应用。除了企业和产品的相关知识以外，与销售有关的知识和技巧也是电话营销人员应该不断积累和提高的。

如果电话营销人员的知识储备不足，就很难将产品的优势、企业的优势充分展示，很难将产品与顾客的需求结合起来，为顾客提供满意的解决方案。这样一来，既无法体现产品对顾客的价值，也会使营销人员在电话销售过程中底气不足；既不能赢得顾客的充分信任，也会削弱自己对销售的信心。因此，了解产品、了解企业、了解与销售相关的专业知识，是营销人员售前准备必不可少的内容。

1. 熟悉产品

客观了解你所销售的产品，是营销人员在销售过程中表现自信的一个基础条件。对产品的性能和用途了解得越多，说服顾客的机会就越大，促成交易的可能性也越大。

一般来说，了解产品应从三个方面进行：

（1）了解产品的基本知识。

主要是产品的软硬件属性、使用知识和交易知识等。

产品的基本知识

项　目	具体内容
产品的硬件特性	产品的质量、性能、品质、材料、制造方法、原材料、专利技术等
产品的软件特性	设计的风格、色彩、安全设计、环保性能、易用性等
产品使用知识	用法用量、操作方法、使用时的注意事项、售后服务等
产品交易知识	价格、交易条件、附加服务、退货保证等

营销人员可以通过以下渠道，获得产品的相关信息和最新动态：

①产品目录及简介；②企业的培训资料；③产品包装上的标签；④各类介绍产品的单张和音像制品；⑤产品培训会议、产品推广会议；⑥企业杂志或业务信息；⑦各类相关的报刊、电视以及书籍等。

（2）了解产品的专业背景知识。

比如销售维生素 C，就需要了解营养学的知识；销售美容产品，就需要了解护肤知识、化妆知识、色彩方面的知识；销售清洁用品，需要了解一些环保知识、化学知识等。

营销人员可以通过以下渠道获取产品的专业背景知识：

①企业培训资料；②产品培训会议、产品推广会议；③行业杂志、专业书籍；④报刊、电视、广播等媒体上的专题栏目。

(3) 了解同行业的竞争产品。

了解竞争产品，是挖掘自己产品优势的必要措施，也是应对顾客异议、体现自己专业技能的基础。因此，对竞争品牌的知识储备，也是非常重要的。

营销人员可以运用以下方法去了解竞争品牌的产品：

①留意市场动态和媒体报道；②收集人们对竞争产品的使用心得与评价；③与自己产品的使用效果作对比。

2. 认识你的企业

一个有实力的企业，不但是营销人员开展销售的坚强后盾，也是顾客使用产品和接受服务的信心保证。因此，了解企业方面的知识，也会有助于提高销售的成功率。

对于企业，一般应了解如下知识：

①企业的发展历史、规模、实力、经济和社会地位；②企业文化、经营理念、规章制度；③企业的公众形象和社会贡献；④企业的品牌、产品系列；⑤企业的生产、物流、信息建设、员工队伍，以及企业的最新动态等。

营销人员可以通过以下途径充分了解企业：

①企业官方网站和企业公开的各种宣传资料；②企业刊物、内部会议和沟通资料；③企业领导人的讲话、传记等；④企业经营场所；⑤报刊、电视、书籍等关于企业的报道或记述。

3. 精通销售知识

与销售有关的知识，包括销售技巧、消费心理、销售礼仪、商务沟通、心态建设、商业道德、营销法规。

销售是一门综合性的学科，是科学性和艺术性的结合。一方面，它具有较强的科学性，有很多成熟的理论和经验可供参考与学习，如销售技巧、消费心理、销售礼仪、商务沟通、心态建设等，都有普遍的规律可循；另一方面，销售又是一门艺术性、实践性很强的学问，不同的产品有不同的销售方式，针对不同的人有不同的销售技巧，而不同的营销人员由于知识储备的不同，其综合运用其他门类知识进行销售创新的空间也各有千秋。同时，销售是在一定的政治、经济、社会和法律环境下开展的，需要遵守商业道德和相关的法规。

营销人员要拓宽视野，就要从生活的各个方面学习相应的销售知识，增长销售技能，使自己的知识储备更加丰富。只有把营销的理论和自己的实践经验结合起来，不断总结提高，才会在总体上提高自己的营销能力和素质。

活动二：售中实战

训练1：针对“眼保仪”这款产品设计电话营销脚本。

训练2：回答客户询问“眼保仪”的电话。

训练3：向目标客户推荐“眼保仪”。

训练4：处理电话营销“眼保仪”这款产品过程中的常见异议。

训练5：结束处理。

知识链接

（一）电话脚本管理软件

电话脚本管理软件，是一种较新的辅助工具，可为电话营销中心的座席代表提供参考脚本，指导座席代表与客户间的互动沟通过程。一般来讲，它提供图形用户界面（GUI），使用简单方便，另外，还提供编辑环境，可用来制作、修改并使用脚本。它的特点如下：

（1）使用方便，减少对座席代表进行培训的时间。为座席代表配置的图形用户界面（GUI），简单、易懂，除通过鼠标和键盘进行浏览外，软件还可以自动检索对某些问题以往的回复，可以为座席代表提供与每个客户沟通过程中需要注意的事项，提供针对某个客户个性化的脚本，用于升级销售、连带销售和挽留客户等活动中。

（2）引导座席代表的工作流程。除了对电话服务进行指导外，脚本还可以作为工作流程的模式，为座席代表提供关于复杂的业务方面的指导。许多客户服务中心，需要座席代表在处理客户资料时能够使用多个应用软件。也就是说这需要对座席代表进行很多的培训，使他们能够在这些软件中浏览和存取信息。而脚本的存在，减少了座席进行软件学习的难度和工作量。首先，脚本可以引导座席代表的处理过程，使得座席代表只在需要的情况下才在相关的应用软件中存取信息，而且，当座席代表必须通过手动方式来浏览多个应用软件时，脚本的引导可以减少错误率，加快与客户之间的交互过程。其次，脚本可以创建出相应的数据输入表格，而内容已经由系统中的已有资料填写妥当，座席代表不需要再次输入已有的信息。

（3）自动存储问题和答案。电话脚本软件可自动存储所收集到的各种信息，相关人员将问题与对应的答复成对地存储起来，就能查看客户互动过程的数据，并制作报表。那些没有按正常程序存储到客户和产品列表中的数据，可存储于电话脚本中，然后进行后端处理。如在电话联系结束时，座席代表对客户进行了一个很短的调查，即使调查数据没有记录在客户的数据库中，也可以存储到电话脚本软件的数据库中。按照这项调查收集到的数据，管理人员可以制作报表，并以此为依据对日后的宣传活动进行决策。

（4）通过脚本来跟踪座席代表的“足迹”。座席将信息提供给客户或对客户的咨询作出回复时，脚本会记住座席代表曾经的操作。这些信息和每个屏幕所花费的时间，会统一记录在电话脚本数据库中。通过这些数据，管理人员可判断哪些行动最有效，脚本中的每个环节需要多少座席代表来处理，并对如何才能使脚本更为有效提出建议。

（5）可视化设计工具。通过脚本设计程序这样的可视化设计工具，可以为脚本的编写设定新范例。非技术性人员也可以通过鼠标拖拉和流程图编制工具来设计脚本及分支逻辑，快速制作出良好的客户互动沟通脚本。可以用图形格式浏览脚本，即使是复杂的互动沟通过程，通过图形演示的方法，也可以很容易地查看。

（6）脚本的更新和升级。在不断变化的商业环境中，必须能对市场上出现的新情况作出快速反应。一份脚本中的营销资料，或许很适合昨天的市场状况，但当市场状况发生变化时，就应该对脚本进行修改以适应当前的需求。也就是说，脚本需要加入呼叫中心其他模块搜集到的最新信息，如许多客户来电咨询的同一个问题的答案。进行脚本编辑时，可将脚本组件重复使用。那些可以共用的屏幕或屏幕组，可以方便地从一个脚本复制到另一个脚本中。

电话脚本管理功能和特色概览	
座席代表界面	1. 浏览器中采用图形用户界面（GUI），使用简单方便 2. 可在多个外部应用软件中对座席代表的处理过程进行指导 3. 可以在座席代表界面（GUI）中显示各种外部系统（包括历史系统）中的数据 4. 可存取计算机电话集成（CTI）系统中的数据，使座席代表可以通过脚本来管理电话服务事件 5. 提供自动警示、升级销售和连带销售信息 6. 通过脚本来跟踪座席代表的工作进度，自动记录花在每一个屏幕上的时间
脚本编辑	1. 采用可视化设计工具，使不懂技术的作者也可以很容易地设计脚本流程 2. 提供预先包装好的脚本样本，可展示产品所有的功能 3. 模板可重复使用，以建立新的脚本

（二）完整的电话营销流程图

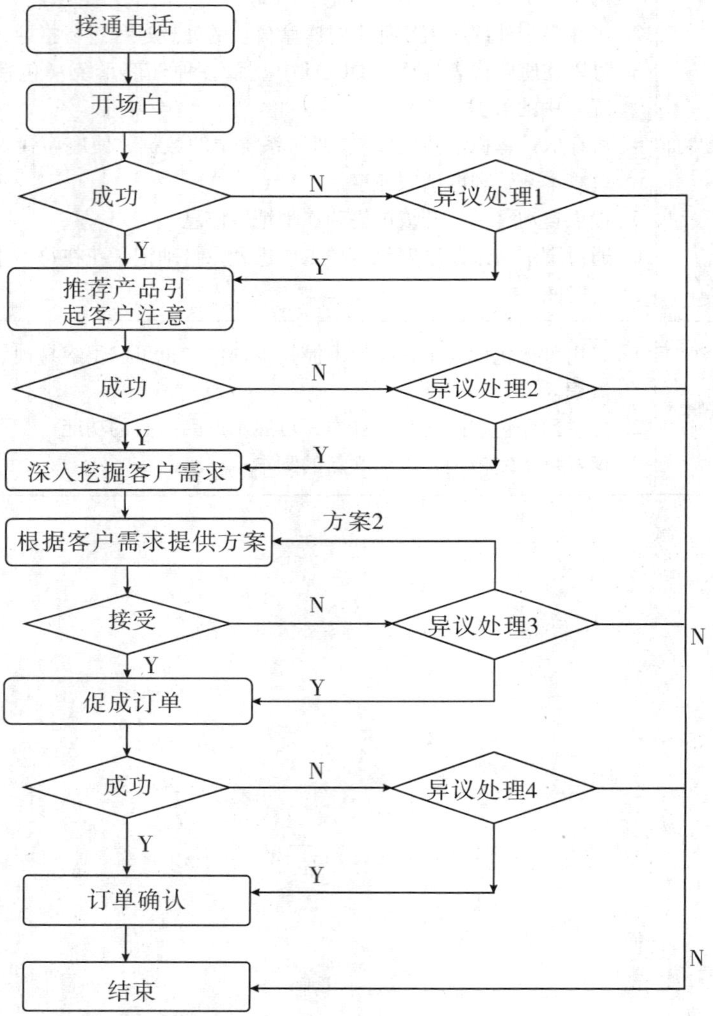

（三）一个完整的康王产品电话营销脚本范例

【产品名称】自动腕式电子血压计

【产品特点】

（1）操作简便，误差小；

（2）智能自动加压，自动排气，自动测量；

（3）两分钟自动断电省电设计，具备自动关闭功能；

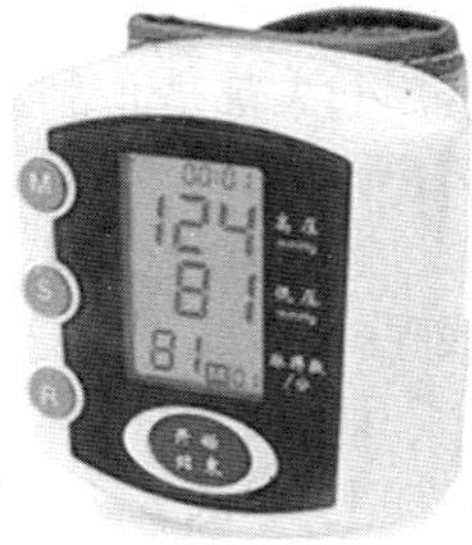

（4）血压/脉搏同时显示，自动心律不齐检测；

（5）最近3次血压平均值显示，体积小便于携带；

（6）具备数据记忆功能（60组记忆）；

（7）本体重量：约185g（不含电池）；

（8）使用电源：碱性电池1.5V（2节）；

（9）所附配件：彩盒、塑胶保护盒、中文版使用说明书。

【产品价格】原价298，现价98元

康王血压计电话销售脚本

A类客户

话务：先生/小姐，您好，我是××××。请问您刚才来电是想抢购康王电子血压仪的，对吧？

顾客：嗯，对的。

话务：行，先生/小姐。如果您现在订购的话可以立刻节省200元呢。非常划算！那您看是给您送到家里还是单位呢？

顾客：送我家里吧！

话务：好的，那您的详细地址是？

顾客：……

话务：谢谢！再见。

B类客户

话务：先生/小姐，您好，我是×××。请问您刚才来电是想抢购康王电子血压仪的，对吧？

顾客：我想先咨询一下，你们那个产品质量好不好啊？这么便宜！

话务：噢，小姐您是打算买过去自己用还是送给朋友用呢？

顾客：自己用啊。

话务：好的，相信小姐您也应该有了解过，咱们康王也是著名品牌。厂家为了普及康王在国内的知名度，才以接近出厂价的价格来进行推广！如果您在使用过程中出现任何质量问题，康王覆盖全国的售后服务网点，将全程为您排忧解难！请问您贵姓呢？

顾客：嗯，我姓张！你们那个血压仪有些什么功能呢？

话务：嗯，好的。您刚才看了我们的电视广告了，主要是喜欢我们这款血压仪什么功能呢？

顾客：主要喜欢它是腕式的，小巧玲珑携带方便。

话务：是啊，张小姐您还真有眼光。像咱们这款血压仪，有很多客户就是冲着这两个功能才订购的。如果您经常出差或是在寒冷的冬天，这款产品使用起来都是非常方便的，您完全可以放心地使用。您的收货地址是?（引导客户）

顾客：噢，我是在中山的。还有，你们那款臂式的为什么要加 10 元钱呢?

话务：呵呵，小姐。您真是很细心啊！因为臂式的多了一个臂套，所以多加 10 元钱。您看是给您送哪一款过去呢?（时刻不忘记促成交易）

顾客：我考虑一下吧。

话务：小姐，您主要是考虑哪方面呢?

顾客：我就是怕你那个质量不行！（客户异议）

话务：小姐的担心，我也是完全可以理解的！其实，刚才我也给您解释过了，像咱们康王这个品牌在全国各地都有分店，历史也十分悠久，而且康王集团也不可能仅仅靠一款产品来支撑整个企业吧?如果这款产品卖出去，大家用的质量都不好，那以后谁还敢用我们的产品?所以质量是咱们的首要保证！如果您担心到时候联系麻烦，那就由我来为您做全程的跟踪服务，您看行吗?

顾客：好吧，一定要给我保证质量啊！

话务：谢谢，小姐您放心！我也希望您用了之后，如果效果不错向您身边朋友推荐一下呢！您全名怎么称呼呢?

顾客：呵呵，好！没问题！我叫张××。

话务：张小姐，为了能够准确及时地把货送到您手里，您必须给我们留两部能够联系到您的电话，这个 135 ××××××××是您本人的手机号码，是吗?（下订单）

顾客：是的。

话务：您再留一部可以随时联系到您的电话，好吧?

顾客：那留×××这个号吧。

话务：嗯，张小姐，现在我给您核实一下您的全部信息，您的全名是××，您的地址是×××，您的手机是×××，您的另一个电话是×××，您订购的是我们××V001 血压仪一部，您货到只需要付 198 元，是免送货费的。（核四要素）

顾客：好的。

话务：为了防止产品途中受损，我们会以一个密封包裹的形式通过物流公司给您寄过去的，为了确保您是第一签收人和产品的安全性，会和物流公司签好合同，上好保险的，也就是说这个包裹在没有付款的情况下，无论是谁都不能私自拆开这个包裹。货到您那之后，您记住了，只需要把 198 元钱

交到物流公司的工作人员手中，他就会把包裹给您了，我这样说，您清楚吗？（收货流程）

顾客：清楚了。

话务员：那好，非常感谢您的来电，还有什么需要我帮忙的吗？

顾客：哦，没有了，谢谢，再见。

话务员：谢谢，再见！（结束处理）

活动三：售后管理

训练1：设计一套对“眼保仪”已成交客户的售后服务方案。

训练2：在电话营销“眼保仪”这款产品的过程中，对你所在团队成员的表现进行评价。

知识链接

（一）电话营销售后服务的重要性

许多企业之所以销售业绩不好，口碑不佳，就是因为没有把售后服务放到一个高度来做，嘴巴上重视了，思想上没重视，行动上更没重视。因此，电话营销的售后服务不是形象工程，也不是用来糊弄消费者的，要用心服务，这是企业的一份责任和义务，也是企业长远发展的基础。关于电话营销售后服务，这里提出以下几点建议：

（1）企业要选择高素质的人员从事售后服务，能够真正解决消费者遇到的问题。

（2）最好成立专门的售后服务部门，企业的高层领导亲自抓，真正领导管理好售后服务部门。

（3）企业要建立规范的售后服务职责，要监督到位，要落实责任，实行奖罚。企业主管售后的领导经常回访消费者，倾听消费者对售后服务的建议、意见。

（4）对于消费者反映的问题，要限时解决，一个电话就把问题弄明白，实行首问负责制，凡是接待消费者的售后人员要一竿子插到底，直到把消费者问题解决好，让消费者满意为止。

（5）售后服务要变被动为主动，对企业产品、服务等方方面面出现的问题，要主动为消费者沟通好、解决好，即使消费者一时还没有发现问题，电话销售人员在发现问题后，也应该主动告知消费者，并主动为消费者解决问题，比如对一些存在质量隐患的产品要主动召回等。

（6）企业要经常对售后服务部门的人员组织培训和考核，不断提高售后服务的水平和质量。尤其那些把售后电话外包给声讯公司的企业，一定要根据企业具体情况的变化，及时对声讯公司的人员进行培训，使他们随时掌握企业的真实情况，以便更好地服务消费者。

售后服务人员，要行动起来，坦诚面对消费者，立即处理消费者的投诉，虚心接受消费者的批评，用心服务，及时服务，完美服务，做一名合格的、负责任的售后服务人员，让消费者满意，真正解除消费者售后之忧。

（二）电话营销绩效管理的几个衡量指标

指标	目的	方程式
平均通话时长（秒）	是 TSR 与客户沟通的平均时间，用于计算 TSR 利用率	
平均事后处理时长（秒）	是 TSR 与客户通话后记录信息等工作所花费的时间，用于计算 TSR 工作效率	
退单率	通过客户在承诺购买后产生的拒绝履行承诺或退货比例，衡量业务的运行是否健康	退单总计/TSR 成功客户总计
呼入成功率	衡量客户主动呼入时，能成交客户的比例	呼入成交客户总计/呼入客户总计
呼出成功率	衡量客户被动接到电话时，能成交的客户比例	呼出成交客户总计/呼出客户总计
成功率增长趋势	衡量呼叫中心成功率的变化趋势，用于计算未来可能客户的趋势	
成功率峰值	记录 TSR 所创造的最高成功率，用于推算团队有可能创造的最优业绩	

（三）绩效考核参考指标

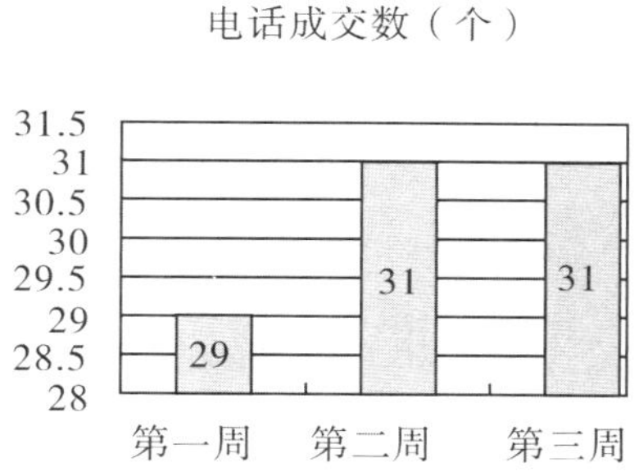

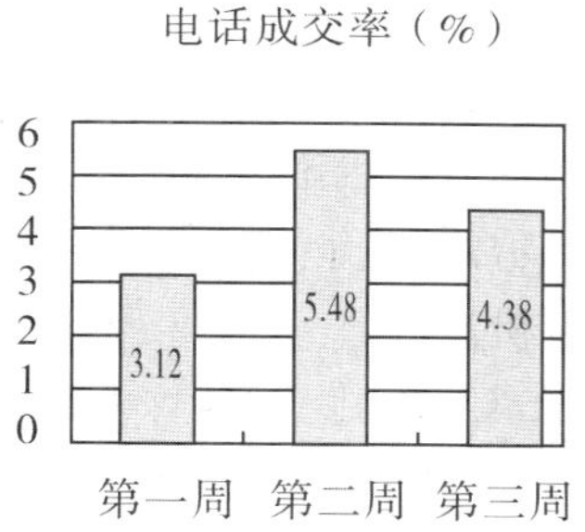

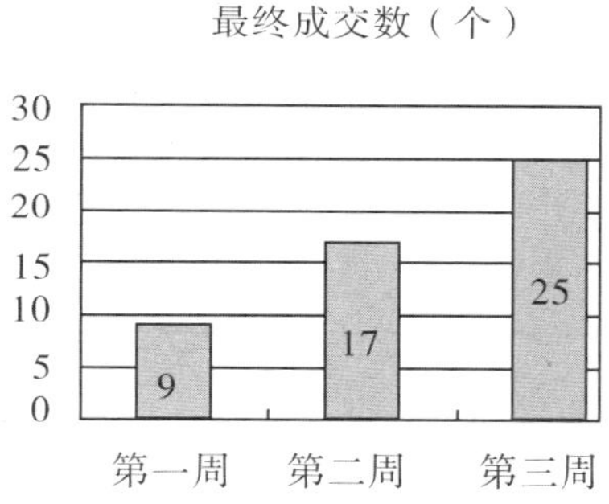

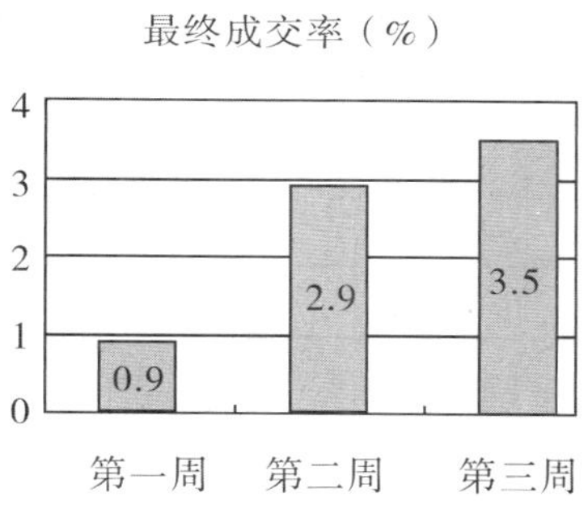

三、拓展训练

以下是深圳市星光达珠宝首饰实业有限公司在电视上做的电视购物促销产品，以接到客户咨询电话并进行销售为主要手段。请阅读以下产品相关信息并完成以下任务。

【产品名称】鲲鹏展翅

【产品特点】中国珠宝镶嵌第一家——星光达珠宝正是以其领先的镶嵌技艺蜚声业内外，镶嵌代表作品“鲲鹏展翅”，以999颗切割精美的圆形钻石，完美地打造了一个星光璀璨的钻石星球。振翅的鲲鹏，带着凌云的豪情，搏击长空，以骁勇傲然之姿揽获耀目星光。

【产品价格】略

【广告词】一直往前走，别往后看。要知

道，每一次回头，都会错过一些眼前的风景

【要求】

1. 熟悉“鲲鹏展翅”这款产品
2. 上网查找公司的相关信息
3. 设计营销脚本
4. 模拟对话
5. 上机试呼
6. 正式上线
7. 对每个人的业绩进行考核

序号	姓名	成交客户人数	总销售金额	排名	备注
1					
2					
3					
……					

小故事

生命的价值

在一次讨论会上，一位著名的演说家走向讲台，只见他一言不发，从口袋里掏出一张20美元的钞票。

面对会议厅里的200多人，他问道：“谁要这20美元?”在座的有80%的人举起了手。他接着说：“我打算把这20美元送给你们中的一位，但在这之前，请准许我做一件事。”他说着将钞票揉成一团，然后问：“谁还要?”仍有50%的人举起手来。

“那么，假如我这样做又会怎么样呢?”他把钞票扔到地上，又踏上一只脚，并且用脚碾它。然后他拾起钞票，钞票已变得又脏又皱。

“现在谁还要?”还有5%的人举起手来。

“朋友们，你们已经上了一堂很有意义的课。无论我如何对待那张钞票，你们还是想要它，因为它并没贬值，它依旧值20美元。人生路上，我们会无数次被自己的决定或遇到的逆境击倒，甚至被碾得伤痕累累，有时我们觉得自己似乎一文不值。但无论发生什么，或将要发生什么，我们永远也不会丧失自己的价值。”

请同学们就如何在从事电话营销工作的过程中实现自己的价值谈谈感想。

思考分析题

1. 电话营销人员应做哪些知识准备？
2. 电话脚本管理软件有什么作用？
3. 电话营销完整的流程包括哪些？
4. 电话营销血压计产品的重点是什么？

项目评估

项目三实施评价表

评价要素	评价内容	评价依据	评价标准	分值	得分
电话营销售后服务（35%）	投诉处理	1. 常见的客户投诉处理方案 2. 设计的客户投诉处理表	A. 常见的客户投诉处理方案及客户投诉处理表设计得合理、实用、内容完整	15～20	
			B. 常见的客户投诉处理方案及客户投诉处理表设计得较合理、实用、内容较完整	8～15	
			C. 常见的客户投诉处理方案及客户投诉处理表设计得不合理、不实用、内容不完整	0～8	
	设计的跟进方案	1. 手机短信跟进方案 2. 书信跟进方案 3. E－mail 跟进方案 4. 礼物跟进方案	A. 各种跟进维护话术设计科学、合理，针对性强	10～15	
			B. 各种跟进维护话术设计较合理，有较强的针对性性	0～10	
			C. 各种跟进维护话术设计不合理，针对性差	0～6	

（续上表）

评价要素	评价内容	评价依据	评价标准	分值	得分
电话营销团队管理（40%）	现场管理	1. 现场人员管理 2. 现场环境管理 3. 现场质量管理	A. 现场人员管理、环境管理、质量管理到位、合理，效果好	15～20	
			B. 现场人员管理、环境管理、质量管理较到位、合理，效果较好	8～15	
			C. 现场人员管理、环境管理、质量管理不到位、效果不好	0～8	
	绩效考核	1. 组织结构 2. 薪酬制度 3. 绩效体系	A. 设计的组织结构、薪酬制度、绩效体系科学合理、可行性强	15～20	
			B. 设计的组织结构、薪酬制度、绩效体系较科学合理、可行性较强	8～15	
			C. 设计的组织结构、薪酬制度、绩效体系不合理、可行性不强	0～8	
综合电话营销（20%）		1. 售前准备 2. 售中实战 3. 售后管理	A. 整个营销流程合理，超额完成销售任务	15～20	
			B. 整个营销流程较合理，并完成销售任务	8～15	
			C. 整个营销流程不合理，未完成销售任务	0～8	
其他（5%）		1. 没有上网玩游戏或做其他与项目无关的事 2. 独自完成实训任务，没有抄袭等现象		0～5	
总分					

项目总结

回顾项目三的实施过程，谈谈自己的体会，总结一下收获和不足，提出个人努力方向与建议。

____

____

附录：

心理素质测试题

请你做以下 8 道心理素质测试题，每题只有一个选择，然后把括号内的分数累加起来，看看总分是多少，就能大致了解你的心理素质和应对压力的能力。

1. 你骑车闯红灯，被警察叫住，后者知道你急着要赶路，却故意拖延时间，这时你（　　）

A. 急得满头大汗，不知怎么办才好

B. 十分友好地、平静地向警察道歉

C. 听之任之，不作任何解释

2. 在朋友的婚礼上，你未料到会被邀请发言，在毫无准备的情况下，你（　　）

A. 双手发抖，结结巴巴说不出话来

B. 感到很荣幸，简短地讲几句

C. 很平淡地谢绝了

3. 你在餐馆刚用过餐，服务员来结账，你忽然发现身上带的钱不够，此刻你会（　　）

A. 感到很窘迫，脸发红

B. 自嘲一下，马上对服务员实话实说

C. 在身上东摸西摸，拖延时间

4. 假如你乘坐公共汽车时忘了买票，被人查到，你的反应是（　　）

A. 尴尬，出冷汗

B. 冷静，不慌不忙，接受处理

C. 强作微笑

5. 你独自一人被关在电梯内出不来，你会（　　）

A. 脸色发白，恐慌不安

B. 想方设法让自己出去

C. 耐心地等待救援

6. 有人像老朋友似的向你打招呼，但你一点也记不起他（她）是谁，此时你（　　）

A. 装作没听见似的不搭理

B. 直率地承认自己记不起来了

C. 朝他（她）瞪瞪眼，一言不发

7. 你从超市里走出来，忽然意识到你拿着忘记付款的商品，此时一个很像保安人员的人朝你走过来，你会（　　）

A. 心怦怦跳，惊慌失措

B. 诚实、友好地主动向他解释

C. 迅速转身去补付款

8. 假设你从国外回来，行李中携带了超过规定的烟酒数量，海关人员要求你打开提箱检查，这时你会（　　）

A. 感到害怕，两手发抖

B. 泰然自若，听凭检查

C. 与海关官员争辩，拒绝检查

心理素质测试题计分：选 A 得 0 分，选 B 得 5 分，选 C 得 2 分

1. 0～25 分　你承受压力的心理素质比较差，很容易失去心理平衡，变得窘促不安，甚至惊慌失措。

2. 25～32 分　你的心理素质比较强，性情还算比较稳定，遇事一般不会十分惊慌，但有时往往采取消极应付的态度。

3. 32～40 分　你的心理素质很好，几乎没有令你感到尴尬的事，尽管偶尔会失去控制，但总体来说，你的应变能力很强，是一个能经常保持镇静、从容不迫的人。

由于作者在系里讲授“电话营销实战”课程效果较好，并在教学质量三方评价中得过三个“A”，所以系里曾让作者做教学经验交流活动，现将交流课件和文章发布在此与大家分享。

“电话营销实战”课程企业现场教学经验交流

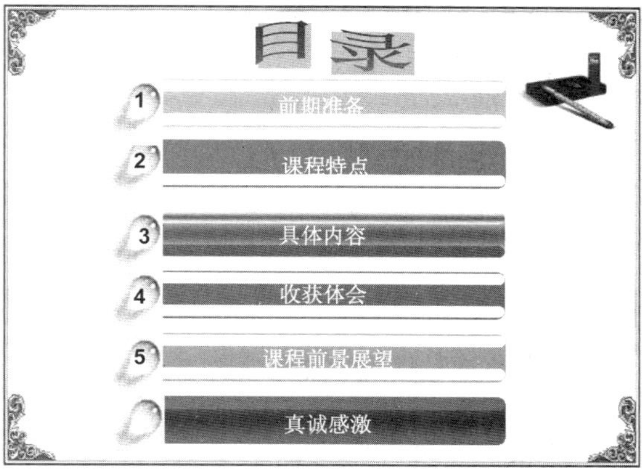

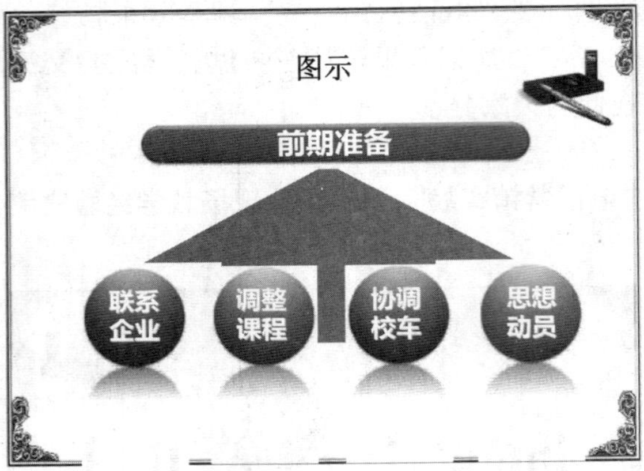
图示
前期准备
联系企业
调整课程
协调校车
思想动员

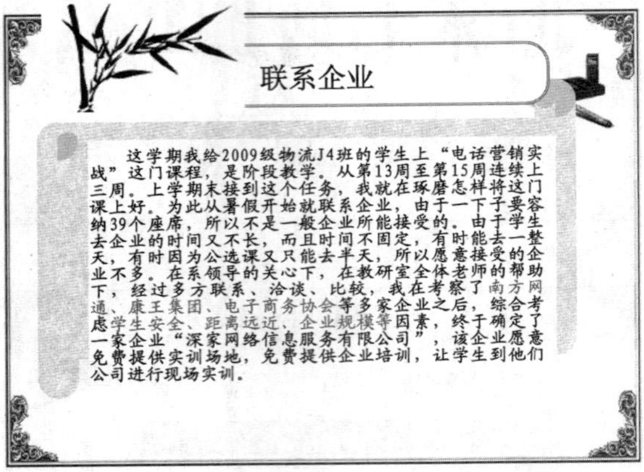
联系企业
这学期我给2009级物流J4班的学生上“电话营销实战”这门课程，是阶段教学。从第13周至第15周连续上三周。上学期末接到这个任务，我就在琢磨怎样将这门课上好。为此从暑假开始就联系企业，由于一下子要容纳39个座席，所以不是一般企业所能接受的。由于学生去企业的时间又不长，而且时间不固定，有时能去一整天，有时因为公选课又只能去半天，所以愿意接受的企业不多。在系领导的关心下，在教研室全体老师的帮助下，经过多方联系、洽谈、比较，我在考察了南方网通、康王集团、电子商务协会等多家企业之后，综合考虑学生安全、距离远近、企业规模等因素，终于确定了一家企业“深家网络信息服务有限公司”，该企业愿意免费提供实训场地，免费提供企业培训，让学生到他们公司进行现场实训。

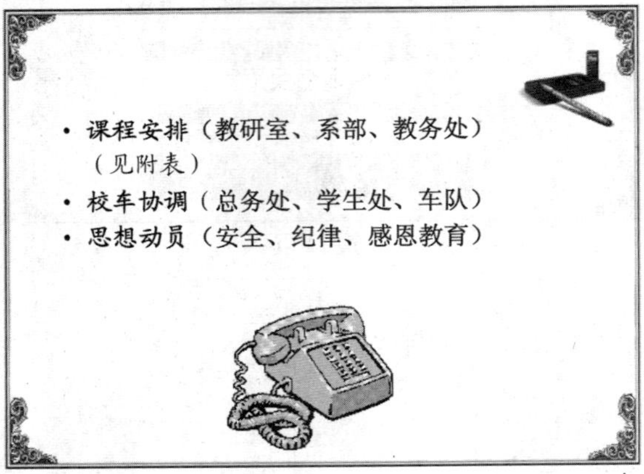
• 课程安排（教研室、系部、教务处）（见附表）
• 校车协调（总务处、学生处、车队）
• 思想动员（安全、纪律、感恩教育）
1

每周安排（每周每日情况都不同）
第13周课程安排

		星期一 11月21日	星期二 11月22日	星期三 11月23日	星期四 11月24日	星期五 11月25日
上午	1-2节	徐秋竟	巩伟 企业教师	徐秋竟 企业	崔丽芳 企业教师	徐秋竟 企业
	3-4节	巩伟	崔丽芳 企业教师	徐秋竟 企业	巩伟 企业教师	徐秋竟 企业
下午	5-6节	崔丽芳	公选课	徐秋竟 企业	公选课	徐秋竟 企业
	7-8节	班会课				
车辆安排		不派车	不派车	派车 上午8: 30 校门口集中 下午16: 00接回	不派车	派车 上午8: 30 校门口集中 下午16: 00接回

第14周课程安排

		星期一 11月28日	星期二 11月29日	星期三 11月30日	星期四 12月1日	星期五 12月2日
上午	1-2节	戴振昊 企业	教学楼426 巩伟 企业教师	徐秋竟 企业	戴振昊 企业	徐秋竟 企业
	3-4节	戴振昊 企业	教学楼426 崔丽芳 企业教师	徐秋竟 企业	戴振昊 企业	徐秋竟 企业
下午	5-6节	张玉岩 企业	公选课	徐秋竟 企业	公选课	徐秋竟 企业
	7-8节					
车辆安排		派车 上午8: 30 校门口集中 下午16: 00 接回	不派车	派车 上午8: 30 校门口集中 下午16: 00 接回	派车 上午8: 30 校门口集中 11: 00接回	派车 上午8: 30 校门口集中 下午16: 00 接回

15周课程安排

		星期一 12月5日	星期二 12月6日	星期三 12月7日	星期四 12月8日	星期五 12月9日
上午	1-2节	戴振昊 企业	戴振昊 企业	徐秋竟 企业	戴振昊 企业	徐秋竟 企业
	3-4节	戴振昊 企业	戴振昊 企业	徐秋竟 企业	戴振昊 企业	徐秋竟 企业
下午	5-6节	张玉岩 企业	公选课	徐秋竟 企业	公选课	徐秋竟 企业
	7-8节					
车辆安排		派车 上午8: 30 校门口集中 下午16: 00 接回	派车 上午8: 30 校门口集中 11: 00接回	派车 上午8: 30 校门口集中 下午16: 00 接回	派车 上午8: 30 校门口集中 11: 00接回	派车 上午8: 30 校门口集中 下午16: 00 接回

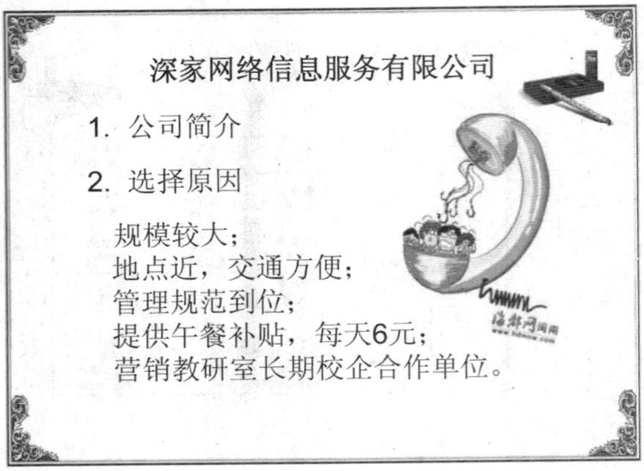
深家网络信息服务有限公司
1. 公司简介
2. 选择原因
规模较大；
地点近，交通方便；
管理规范到位；
提供午餐补贴，每天6元；
营销教研室长期校企合作单位。

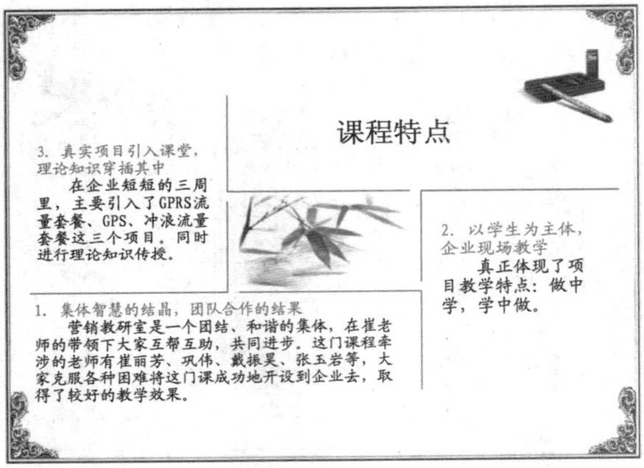
课程特点
1. 集体智慧的结晶，团队合作的结果
营销教研室是一个团结、和谐的集体，在崔老师的带领下大家互帮互助，共同进步。这门课程牵涉的老师有崔丽芳、巩伟、戴振昊、张玉岩等，大家克服各种困难将这门课成功地开设到企业去，取得了较好的教学效果。
2. 以学生为主体，企业现场教学
真正体现了项目教学特点：做中学，学中做。
3. 真实项目引入课堂，理论知识穿插其中
在企业短短的三周里，主要引入了GPRS流量套餐、GPS、冲浪流量套餐这三个项目。同时进行理论知识传授。

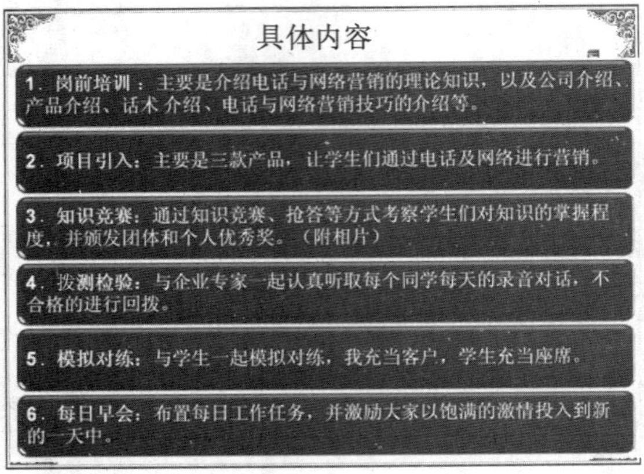
具体内容
1. 岗前培训：主要是介绍电话与网络营销的理论知识，以及公司介绍、产品介绍、话术介绍、电话与网络营销技巧的介绍等。
2. 项目引入：主要是三款产品，让学生们通过电话及网络进行营销。
3. 知识竞赛：通过知识竞赛、抢答等方式考察学生们对知识的掌握程度，并颁发团体和个人优秀奖。（附相片）
4. 拨测检验：与企业专家一起认真听取每个同学每天的录音对话，不合格的进行回拨。
5. 模拟对练：与学生一起模拟对练，我充当客户，学生充当座席。
6. 每日早会：布置每日工作任务，并激励大家以饱满的激情投入到新的一天中。

7．每日总结：听录音、找问题，做到日清日结。

8．上机实训：从第一周只有十几个同学敢上机操作到最后一周全员参与，同学们的变化是巨大大的。

9．岗位轮换：有些同学进行电话营销，有些同学进行网络营销。（邮件营销、博客营销等）

10．课后作业：布置课后作业，及时批改，巩固理论知识。

11．业绩考核：最后一天根据每个同学的成交量及平时表现给出排行榜。

12．理论测试：除了现场实操教学之外还布置作业，最后进行笔试，全面考核学生综合水平，做到理论与实践相结合

（附相片、对话录音、视频）

2009级物流班（“电话营销实战”课程）企业实践概况

上机批次	第一批	第二批	第三批	第四批	合计
人数(人)	8	9	4	18	39
所占比例	20.51%	23.08%	10.26%	46.15%	100.00%

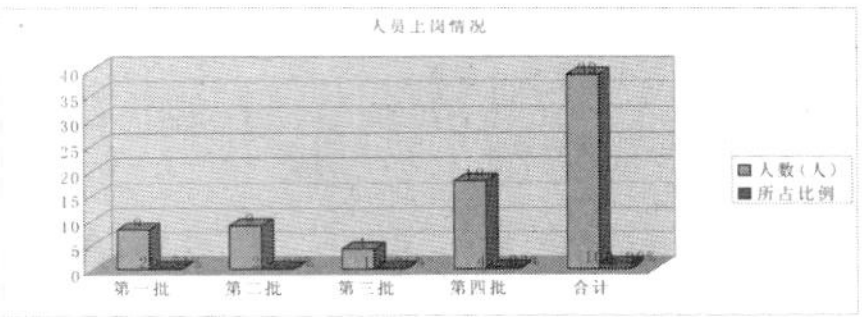

2009级物流班学生提成+补贴统计表

企业合计发放奖金

1 822.44元

销售冠军：李英璇

成功客户数合计115人次

收获体会

1. 学生：（见“同学们的感想荟萃”）

2. 教师：

丰富实践经验、更新知识体系、提高教学能力

3. 企业：

发现人才、培养人才、储备人才（对我系学生给予高度评价）

三方共赢

（展示企业提供的课件、资料文档等）

同学们的感想荟萃

钟建楼：

自身能力：通过这次电话营销实习，发现自己存在很多不足之处，而这些不足之处是没去电话营销实习就无法发现的。自身的整体能力不足，比如胆量、沟通能力、一些销售技巧、与同事及领导相处的技巧等。

学生大部分时间都在学校里学习，对于如何将学到的东西使用起来就成为了众多大学生的迷惑，学校里学习的是理论知识，而很少实践，我们还不能做到学以致用！**我们技师班的学生比“五专生”原本缺少中途实习的机会，这一次能够体会到实习的滋味，我们很珍惜。**

刘晶晶：实践是未来事业发展的奠基石。

我们是一张平白无字白纸。我们班级这次以实践的方式在深家网络公司上了“电话营销实战”这门课程。

孙惠君：

在企业里，同学们学到了自信、勤奋、宽容。面对难题，拥有足够的信心和勇气的人不会退缩。劳动光荣，勤奋的人最值得尊重。只有比别人更加努力、更加勤奋，才能比别人走得更远、成功得更快。

在学校里，同学与同学之间、同学与老师之间都是很好相处的，但是在外面的话就不一定了，你必须懂得一些相处的技巧。在学校里学到的专业知识都比较基础，还要不断提升，继续学习。

张小华：

这家企业离学校距离不太远，而且能为班上的每个同学都提供上机的机会，我想这也是老师考虑的最重要的一点吧！

郑嘉玲：

我们要学习的东西太多了。在这三星期中，最大的收获就是不怕给陌生人打电话，还能去营销。总之收获挺大的，很喜欢这样的教学模式。老师们辛苦了。

在深家学习收获很大，喜欢这样的教学模式。在这里非常感谢我们的老师提供这样新颖的教学方式。

李超：

销售要不服输才会赢。

在这三周的学习中，我有许多体会，对待一件事情，一定要有热情，没有热情什么都没有用，在现实社会中竞争是残酷的，如果你不前进，别人就会超过你。当你拥有了热情以及对这份工作的热爱，并不断改进自己、提升自己，相信在这个地方，会有一个属于自己的舞台。

肖俊标：

这次实习真的多少给了我些许挫败感，这是在我任何时候都不曾遇到的问题，在这个周末，我想了良久，我不能辜负企业的良苦用心，不能辜负老师的悉心教导。

我相信实习期间发生的事情，会是我一辈子里最美好的回忆，我们应该丢掉依赖心理，去学会在社会上独立，敢于参与社会竞争，敢于承受压力，使自己能够快速成长。

曾浩：

现在我来企业快三个星期了，通过在企业的学习和工作，真的觉得自己有了很大的转变，从一名目标单纯的学生变成负有一份责任的员工；从什么都不懂，到现在对电话营销有所了解。在企业的这段时间让稍显稚嫩的我们快速地融入企业，很感谢各位老师的教导。

章紫妍：

在电话营销过程中我确确实实地经历了我从不曾经历的许多人和事，也让我更了解社会，更快地成熟。当我真正接听第一通电话我才知道很多事情并不困难，困难的是如何克服自身的恐惧、紧张，迈出第一步，这是最主要的。

自身能力：通过这次电话营销实战后，我发现自己所存在的很多不足之处。

彭鑫洲：

心态决定一切，坚持就是胜利。

李建宁：

本以为学好专业知识就行了。对销售的概念很模糊，现在发现不单只需要学好专业知识。营销更是与产品紧密相连，想起一句话，没有一流的销售，就没有一流的产品。

原以为学习这门课程一定会很无聊，即使是做实操老师也是在课堂上安排同学们进行相互模拟，根本就体会不到那种营销过程的真实性。

没想到这门课让我惊讶不已，原来老师把我们的上课安排到了企业，让我们能在实战中体会电话营销的真谛。

这样不但让我们能更快地了解电话营销的概念，更让我们能在这实战的过程中发现实际问题，进行改进。

黄晓爵：屡战屡败的局面必须用屡败屡战的精神去克服。

叶苏妙：

刚开始去企业的时候，我曾经有过这样的想法，我应该在电话营销课实战中是处于劣势的，因为我觉得我跟别人沟通的时候，语言表达能力是非常需要提高的，然而我发现经过电话营销以后，我拾起自信，相信自己也可以做出不错的成绩。记得第13周的星期五，企业老师叫几个同学先测的时候，听到我名字的时候我非常紧张，因为我的作业没有完成，星期四那天把作业拷错了，那天晚上想向同学要一份，发现几个同学也没有拷贝，所以就很紧张。但是经过努力，我觉得我不再是刚开始那个胆小害怕的女生了，而是一个自信的人。有了这次的电话营销实践，我发现我的承受能力也提高了，不再怕被拒绝了，反而可以在被拒绝的过程中发现自己的不足，从而纠正自己的错误，提高自己的能力。

后来才发现我还是第一批上机同学中的一个，所以也就让我不得不相信：只要自己有信心去做任何事情，是不会难倒我的。

农桂珍：

在这里要感谢学校老师为我们这次见习提供了良好的条件和辛苦的付出，在短短一个月左右的时间里，我学到了很多以前从未涉足的事物，如果不是学校和公司给了我一次机会，可能我现在还只是一个只会拿书本的学生.

1. **虚心**
2. **勤练**
3. **坚持**
4. **少埋怨**
5. **多听、多看、多想、多做**
6. **错不可怕，就怕一错再错**

李英璇（销售冠军）：

我们深知老师为此下了不少功夫——联系企业，联系相关人员，确定地点、安排车辆等一系列事情都是老师为我们准备的。我们怀着一颗感恩的心，真心感谢任课老师为我们创造的一切条件，也真心感谢深家网络信息服务有限公司接纳了我们。因为这不单单给了我们一个了解学习电话营销的机会，更使我再次回味我在顺丰快递做兼职客服时的酸甜苦辣。但是这次，是更有挑战性的，因为这不是呼入式，而是呼出式的一种电话营销。

在这期间深家公司为了提高我们对业务知识的熟悉度，组织了一次小型的业务知识比赛，比赛生动有趣，分为好几个小组进行，同学们都积极参与其中，我们的小组还获得了最佳团体表现奖呢！这再一次鼓舞了我们的斗志，也提高了对业务知识的熟悉度。我们在一种快乐的氛围中学习与成长着。

这三个星期的学习与实岗锻炼使我明白了不管以后的工作将会发生什么样的变化，我都不能有丝毫的松懈，而需要更加认真地做好自己份内的事，努力克服个性和年龄的弱点，推开障碍和阻力，抛弃“小我”，轻松上阵。最后再一次感谢任课老师对“电话营销实战”这门课程的辛苦付出，也真心感谢深家网络信息服务有限公司给了我们一个这么好的平台。带着感恩的心，我将继续丰富自己的人生。

陈晴：

在实习的日子里，时间如缓缓流动的河水，不经意间已逝去。三周的电话营销实习马上就要成为我们一段短暂而充实的回忆。

在这短短的十多天时间里，我感觉自己成长了许多，感谢深家给了我一个实战演练的舞台，让我学会了如何真正地营销、真正地工作，实现了从在校学子向职场人士的转变。

开始老师说要去企业实习，实习的内容就是在电话里与客户打交道，向客户推销我们的业务，大家都热情高涨，觉得又紧张又新鲜，恨不得马上就去企业，马上就去实习，马上就打电话。

第二天大家兴奋地坐上校车，徐老师带队开始了我们实习的旅程。在实习没有开始之前，谁都不知道在实习中会遇到什么困难，也不知道会有什么难题等着我们……

第一，凡事都贵在坚持！

第二，凡事都要精。

第三，我们应该多吸取经验教训。

第四，我们应该随时保持一颗求知的心，积极主动地去学习。

第五，不管做什么事情，我们都要端正自己的态度。

课程前景与展望

通过这几年的教学实践对电话营销有新的认识，尤其是在与企业电销专家交流的过程中了解到：

由于电话营销成本低，方式灵活，所以不会被取代。电销人员社会需求量大。

每个岗位都需要利用电话作为工具与人沟通交流。而且电话营销看似简单，但真正打起电话来发现它对人的综合素质要求很高：它需要良好的沟通能力、灵活的应变能力、超强的抗挫折能力、正确的心态、吃苦的精神、踏实的作风。在国外，电销人员不仅收入很高，而且是白领阶层。

企业收集资料

- 课件
- 话术
- 脚本
- 影音
- 培训资料

发工资了

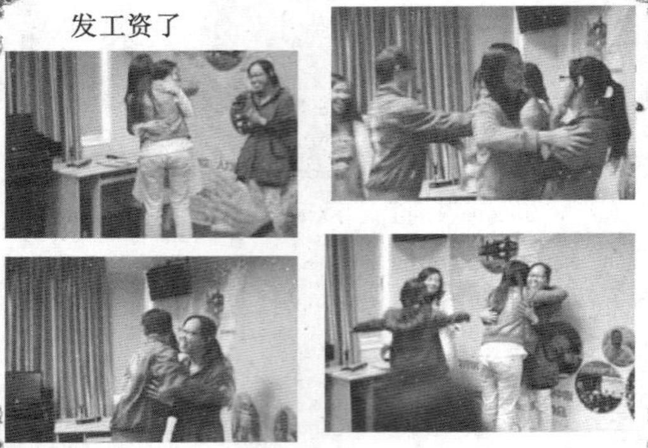

集体合影

全员上岗

总之,如果没有各方助力,我的这门课也无法顺利开展,首次尝试这种教学模式，不足之处还请大家多多指正。

Thank you !

附录：

“电话营销实战”课程企业现场教学经验交流

虽然电话营销目前在企业还是一种较常用的营销手段，但在校内要上好“电话营销实战”这门课是不容易的，因为学生和社会对电话销售普遍存在误解。而且在校内没有电话呼叫中心，又受经营成本等条件的限制，所以想将这门课上好是要用些心思的。经过几年的教学实践，本人摸索出了一些经验和体会，在此与大家分享。

一、做好课前准备，完善系统工程

俗话说不打无准备之战，为了上好这门课，课前要做大量的准备工作，协调多方关系。具体如下：

1. 联系企业

由于“电话营销实战”课程牵涉成立电话呼叫中心及运营成本、电话费用、管理等问题，在校内未建立呼叫中心的情况下，要想上好这门课是很不容易的。因为我们不能让学生天天在教室里模拟打电话，所以，为了让学生真正地学到有用的知识，并积累真正的实战经验，我从上这门课的第一天起就多方联系企业。由于一个班至少有 40 名学生，人数较多，所以不是一般企业所能接受的。学生去企业的时间又不长，而且时间不固定，有时能去一整天，有时因为校内活动及公选课等又只能去半天，所以愿意接受的企业不多。经过多方联系、洽谈，综合考虑学生安全、距离远近、企业规模等因素，终于与一家长期校企合作单位达成协议，该企业愿意免费提供实训场地及企业培训，并为每个人提供午餐补贴，让学生到他们公司进行现场教学。有了合作企业，就有了现场教学的基础，并有了真实的企业项目。

2. 调整课程

为了配合企业需求，让学生到企业现场实训，从前期教学计划的安排调整到课程的具体安排、辅导老师的配备都要事先做好充分协调准备。因为一个学期不只有这一门课，所以我们安排了阶段教学，在教研室、系部、教务处的多方帮助下才完整这项系统工程，保证了每门课程的正常进行。

3. 协调校车

学生外出涉及安全问题、交通问题、纪律问题，同时企业现场教学还将牵涉总务处、学生处、车队等多个部门。教师的课前准备工作量是巨大的，要到多个部门签名盖章，并承担着一定的风险。如果不是本着高度的责任感和想让学生真正学到东西的事业心，是很难坚持的。

4. 思想动员

在下企业之前做好学生的思想政治工作，也是很重要的一环，对他们要进行安全、纪律和感恩教育，因为现在的学生纪律性不强，又不肯吃苦，觉得一切理所应当，教育他们感恩社会、感恩企业、感恩师长，这对于课程顺利地开展是很有必要的。

二、以学生为主体，企业现场教学

做好了前期充分的准备工作后，将学生带到了企业现场，让学生真正在做中学，学中做。在企业现场教学的主要内容有：

1. 岗前培训

主要介绍电话营销的理论知识、公司情况、产品情况、产品话术、营销脚本、电话营销技巧等。

2. 项目介绍

企业培训讲师介绍具体推广项目，让学生熟悉项目营销脚本。

3. 知识竞赛

通过知识竞赛、抢答等方式，考察同学们对产品知识的掌握程度，并颁发团体和个人优秀奖。

4. 模拟对练

与学生一起模拟对练，教师或企业培训师充当客户，学生充当座席。

5. 上岗实训

让通过模拟训练的同学上岗真实操作，从一开始只有几个同学敢上机真实操作到最后全员参与，同学们的变化是非常大的。

6. 每日早会

布置每日工作任务，并激励大家以饱满的激情投入到新的一天中。

7. 每日总结

听录音、找问题，做到日清日结。

8. 岗位轮换

有些同学做电话营销，有些同学进行回炉强化训练。

9. 质量检验

与企业专家一起认真听取每个同学每天的录音对话，不合格的进行回拨。

10. 课后作业

布置课后作业，及时批改，巩固理论知识。

11. 业绩考核

定期根据每个同学的成交量及平时表现给出排行榜。

12. 理论测试

除了现场实操教学之外还布置作业，最后进行笔试，全面考核学生的综合水平，做到理论与实践相结合。

三、开展校企合作，实现多方共赢

通过几年的教学实践，这种教学方式得到系部、学生、企业的多方认可，实现了多方共赢。

（1）学生：感到真正学到有用的实践知识并且还有提成收入，每天还有午餐补贴，比起在校园内模拟训练强多了。

（2）教师：丰富实践经验、更新知识体系、提高教学能力，及时掌握企业最新的一线资讯。

（3）企业：发现人才、培养人才、储备人才，同时也节约了用人成本。

（4）学校：节省了电话运营成本和管理费用，是一种值得提倡的教学模式。

四、依托团队合作，展望美好前景

能将这门课程开到企业去，进行现场教学，并取得较好的教学效果，不是教师个人的力量所能完成的，它需要整个团队的合作与协调，是集体智慧的结晶，也是多年经验的积累。希望这些经验能给大家一些帮助和启发。

参考文献

1. 张烜搏：《一线万金：电话销售培训指南》（第3版），北京：人民邮电出版社2009年版。

2. 李向阳、舒冰冰：《打遍天下：电话营销实战案例精选》（第2版），北京：人民邮电出版社2009年版。

3. 侯东、倪兴梅：《电话行销技巧》，北京：中国盲文出版社2001年版。

4. 舒冰冰、李向阳：《一点就通：电话销售业绩倍增指南》（第2版），北京：人民邮电出版社2010年版。

5. 李宁、郑海燕：《如何管好电话销售团队》，北京：中国社会科学出版社2008年版。

6. 史蒂芬·斯切夫曼著，胡蓝云、王奇译：《电话营销法》，北京：高等教育出版社2009年版。

7. 张烜搏：《赢得客户的12个关键电话》，北京：人民邮电出版社2005年版。

8. 王可任、张翠玲：《呼叫中心接线员培训手册》，北京：人民邮电出版社2009年版。

后　记

电话营销实战课程已经过多轮的教学实践、校企合作、将企业项目引入课堂、学生下企业现场教学等环节的打磨。本书是在项目课程改革的过程中，经过本教研室、系部、科研办的多次研讨、修改，并进行企业调研，收集一手资料编写而成的。作者在编写期间得到同事、领导的许多帮助和支持，在此深表感谢。

感谢本系主任郑志军老师、教研室主任崔丽芳老师，感谢汪立极老师、王雪菊老师。感谢校企合作单位康王集团、南方网通、香港康王集团、电子商务协会、海纳培训中心、深家网络信息服务有限公司、深圳市场营销协会等提供的资源。感谢暨南大学出版社副编审潘雅琴老师提出的许多宝贵意见。此外还要感谢家人给了我最无私的帮助和理解！

“文章千古事，得失寸心知。”由于这是一门较新的学科，许多地方有待摸索和完善，希望专家给予批评与指正。

本书由暨南大学出版社潘雅琴副编审主审，在编写的过程中还得到深圳市星光达珠宝首饰实业有限公司、康王集团、南方网通网络技术开发有限公司、深圳市九曲网科技有限公司、深圳海纳培训中心等企业的大力支持，王雪菊老师等对书稿也提出了许多宝贵意见，在此深表感谢。

作者

2015 年 1 月 21 日于深圳